Yo jugaba en el Maracaná

Yo jugaba en el Maracaná
(chiquilín de potrero)

Carlos Gutiérrez Guerra

www.librosenred.com

Dirección General: Marcelo Perazolo
Diseño de cubierta: Daniela Ferrán
Diagramación de interiores: Flavia Dolce

Está prohibida la reproducción total o parcial de este libro, su tratamiento informático, la transmisión de cualquier forma o de cualquier medio, ya sea electrónico, mecánico, por fotocopia, registro u otros métodos, sin el permiso previo escrito de los titulares del Copyright.

Primera edición en español - Impresión bajo demanda

© LibrosEnRed, 2012
Una marca registrada de Amertown International S.A.

ISBN: 978-1-59754-897-7

Para encargar más copias de este libro o conocer otros libros de esta colección visite www.librosenred.com

A mi madre
Que me enseñó el amor,
A mis hermanos
Que agudizaron mi memoria,
A mis hijas
Que cada día más
Son parte y motivo
De este gran viaje.

Introducción

Las fotos me llegaron en un sobre de papel madera, de esos que se usan para enviar documentos. Pero no me las trajo el correo, sino mi madre, que en un viaje las puso en su valija después de haber recogido todo, o al menos lo esencial, de lo que todavía yo tenía en Buenos Aires. No podía cargar con el entero baúl de mis recuerdos; por eso eligió solo las fotos. Ahí estaban todas las imágenes de mi niñez y crecimiento, la escuela, mis compañeros y maestras, mis primeros viajes, la primera vez que vi el mar, mi mochila y mi primer amor. Pero entre todas, resaltaba la del pebete con la pelota; allí estaba yo: con mis ojitos soñadores, de cuclillas, pilchitas de fútbol y la pelota marrón. Con esa sonrisita que dicen que todavía tengo, pero que entonces reflejaba mi ingenua felicidad de purrete de campito.

Hay recuerdos que no se sabe de dónde vienen, están grabados en el propio ser y se despiertan sólo delante de imágenes, sonidos, olores o perfumes, también de voces o frases que escuchamos por descuido, cuando la mente y el corazón están más distraídos.

Nosotros no sabemos que en realidad es el alma o el subconsciente el que va buscando, como un sabueso, todos los vínculos que la propia historia tejió día por día, noche tras noche a lo largo de nuestra vida, para darle un sentido a cada capítulo del propio pasaje por la existencia.

Todavía, cuando vuelvo a Buenos Aires y paso por mi viejo barrio, por un momento no veo las casas ni los chalets que se han construido encima de lo que un día fue parte vital e integrante de mi crecimiento, de mi niñez, de mis sueños...

1 – Cuando lo conocí

De chiquito me perdía mirándolo desde afuera, me parecía un campo que no terminaba más. Sí, era un campito de fútbol, de esos que crecen en los terrenos baldíos de la provincia de Buenos Aires, donde han hecho sus primeras armas tantos cracs que después llenaron numerosos estadios de Argentina y Europa. A pesar de que estaba cerca de mi casa, yo iba únicamente en compañía de mis hermanos mayores. Fue así que comencé a reconocer la diferencia entre un día normal de semana y un domingo, que para la gente era un día de fiesta o, para mis hermanos, una jornada sin escuela ni deberes. Yo era muy chico por aquel entonces y no iba todavía a ninguna escuela, de ahí que todos los días me parecieran iguales.

Comencé a reconocer los sábados porque en la tarde jugaban algún partido los muchachos del barrio, que tenían un equipo invencible, o casi. Era un ambiente diferente, con más gente adulta y sobre todo trabajadora; a veces, después del medio horario del *sábado inglés*, llegaban directamente de la fábrica montados en sus lucientes bicicletas, todavía vestidos con mamelucos o conjuntos de trabajo *Coppa y Chego*.

Después aprendí a esperar los días de fiesta y los juegos del fin de semana, a sentir la alegría de mi familia al preparar todos juntos una comida especial. El fin de semana cruzaba como una saeta feliz y fugaz el firmamento del tiempo cotidiano, dejándonos risas, alegrías y anécdotas a cada uno de nosotros. Y siempre cabía un tiempito, una tarde, un partido para regocijarme con la energía futbolera de mis mayores. Vivía con emoción el momento en que mi hermano más grande se cambiaba en casa para ir a jugar un partido con su equipo.

Con el tiempo comencé a hacerme algunas escapadas solo o con algún vecinito. Como raptado por un encanto, sentía las voces de los jugadores que resonaban, me llegaba el sonido particular y diferente de las otras voces del barrio, o el retumbar de los pelotazos, tan nítidos cuando la pelota estaba bien inflada, y que terminaban con un timbre agudo, casi metálico, como una campanada. Todo aquello era una música que me hechizaba, que rompía las ligaduras de las prohibiciones y me obligaba a fugarme de mi casa derecho a ese campito para emocionarme, temeroso de la potencia enérgica de los jugadores mucho más grandes y de los pelotazos que podían llegarme. Por entonces yo sólo era un espectador diminuto que no aspiraba aún al contacto con el balón. Aunque ya se veían niños de mi edad que peloteaban con la de *goma* a un costado de la cancha, a mí me fascinaba ver el juego de los grandes con la de *cuero*. Mi pasión: tratar de entender el reglamento y disfrutar de las jugadas de los mayores.

El campito en cuestión estaba hecho de tierra apisonada, con líneas de cal que marcaban las áreas y el contorno, ni muy derechas ni muy visibles. Los arcos los habían construido con postes de luz reciclados (conseguidos de un modo no muy legal), que por aquellos tiempos eran troncos de madera bañados en un aceite que los volvía oscuros y resistentes al tiempo y al mal clima. Tenían un travesaño del mismo material, lo que les daba una cierta importancia y calificaba al potrero, no ya como un campito, sino como toda una cancha. Cancha: una palabra de citas, de agrupación, de ceremonias populares, con un código nunca escrito pero que todos respetan y conocen a la perfección. Con los años fui aprendiendo de los mayores estos códigos y reglas. A veces presenciaba los desafíos entre muchachos, que para pelearse –cosa que sucedía seguido y hasta por fútiles razones– se daban cita allí: "Nos vemos en la cancha", "Vení a la cancha si sos guapo", "Esta noche me encontrás en la cancha"... Había también una especie de precedencia para ocupar el campo, y me parece haber entendido que se trataba de una jerarquía basada en el tiempo, en el número de jugadores y en la calidad de los equipos. Todo funcionaba perfectamente regulado por el conocimiento de las reglas y la aceptación incondicional del propio *estatus*... Nadie se lamentaba ni tiraba la bronca. Armoniosamente, todo encajaba en un orden pacífico y placentero.

He visto señoras y señores del barrio colaborar con su mantenimiento y limpieza, hacer reuniones y hasta algún asado popular con todos los que *caían*, quién sabe festejando qué cosa que ya no recuerdo.

El nombre de esa cancha era ya familiar, pues toda la gente del barrio la llamaba así, y a veces hasta lo había oído como referencia de dirección y de zona. Pero sólo cuando mis hermanos y yo fuimos a ver un partido a la casa del "gordo Solinas" –porque en casa no teníamos TV– que daban en diferido y jugaban los seleccionados de Brasil y Argentina, sentí y comprendí lo que era *el Maracaná*: el ombligo del mundo para cualquier brasileño. Aunque era niño, entendía la broma, la astucia y la presunción de llamar *Maracaná* a un potrero, una canchita de barrio que, pese a no tener ni un tablón como tribuna, llenaba los domingos el vecindario de una multitud de voces y colores que latían dándole vida y sensación de fiesta. Y esa fiesta simple, para personas simples, alcanzaba para cubrir la jornada, o acaso toda la semana, de una sencilla e infinita felicidad.

2 – Personajes

Algunas veces vi jugar a hombres adultos, algunos viejos, casados contra solteros... Se hacían infinidad de partidos. De mi memoria más antigua tengo imágenes de un grupo de chicos sucios y mal vestidos, que venían a jugar con una pelota de trapo. Con ese balón, el fútbol se desarrollaba sólo en dos dimensiones. El juego era siempre a ras del suelo, sin rebotes ni piques, sin puentes ni sombreros, pero a aquellas piernitas flacas, oscuras y acaso mal nutridas les sobraba talento para diseñar filigranas que quedaban impresas como las luces de los autos de una carretera en una foto nocturna.

Una vez uno de los chicos del barrio entró a jugar con ellos llevando una pelota de goma. Los *villeros* (así los llamaban en secreto en el barrio) no se adaptaban y no agarraban una, porque esa pelota picaba y rebotaba demasiado. Así que uno agarró un pedazo de alambre y, frente a la atónita expresión del propietario de la pelota, la pinchó, le hizo un agujero y desencadenó la primera angustia del niño que había colaborado gentilmente con la integración social al invitar a jugar con su pelota al grupito de *inadaptados*.

De ahí en adelante la pelota no rebotó más y los *carasucias*, no obstante los problemas de *desinfle*, pudieron demostrar dotes mágicas, que los espectadores más grandes comentaban primero con desdén y más tarde con admiración.

De todas maneras, cuando se fueron, la pelota de goma en cuestión desapareció, no se encontró más. El chico que la había llevado se quedó llorando, acusando así su segunda y más dramática angustia. Los pibes de la pelota de trapo no volvieron a jugar en el Maracaná. Le quitaron así ese matiz de intuición que sólo las clases más pobres suelen dar a algunos ambientes. Porque parece que vivieran los eventos de la vida con otra intensidad: llena de contrastes y desalojos, críticas y menosprecio. Entonces a cada instante de goce aplican una pasión que más que del corazón, parece que saliera de sus vísceras.

Mis hermanas mayores, Carmen e Isabel, jugaban también con su grupo de amigos varones, y recuerdo que lo hacían con la misma pasión que ellos, sin descuentos de ningún tipo, con patadas, rodillazos, rodadas y con peladuras de piel.

Por aquel entonces, las lastimaduras en las piernas de los chicos eran más comunes y menos traumáticas que hoy; simplemente se lavaban, o como máximo se desinfectaban con un poco de alcohol, y se esperaba a que formaran una costrita que indefectiblemente sería removida antes de secarse totalmente. Así se producían cicatrices que formarían un mapa o almanaque de recuerdos indelebles, difíciles de cancelar. Con los años, todos habríamos de mostrar ufanos y orgullosos las peripecias vividas en el pasado. Y aquellas cicatrices habrían de ser la prueba de que aquello que contábamos era la absoluta verdad.

Había también chicas que de tanto en tanto aparecían, y algunas lo hacían cuando los partidos eran serios o de desafío. Por ejemplo Yolanda, que era alta y morena, con cabellos cortos y hombros anchos. Imponía un respeto en defensa que solo algunos muy buenos defensores hombres lograban. Cuando tenía la pelota, generalmente robada a un delantero contrincante, se sentía a todos sus compañeros repetir su nombre con la esperanza de recibir un pase; pero ella avanzaba con la cabeza alta, protegiendo el balón con mucho oficio, y hacía el pase siempre al mejor ubicado y desmarcado. Recuerdo a los viejos que, viéndola jugar, murmuraban: "Si esta piba fuera varón, otra que Matosas...", en referencia al zaguero de River y de la selección uruguaya que por esos años era considerado el mejor en su puesto. Cecilia, en cambio, era una rubiecita con el pelo sujeto en una cola de caballo. Cuando corría no la alcanzaba nadie y tenía una gambeta que siempre le salía bien. Aunque los compañeros de los defensores del equipo contrario de turno les gritaban los amagues que la rubiecita Cecilia les haría, era siempre igual: todos sabían lo que iba a hacer, pero nadie lograba pararla; porque aquella pulga rubia movía la pelota una fracción de segundo antes de la reacción del defensor que pretendía detenerla, dejando un tendal de pibes en su camino. Había un hombre muy gordo que la llamaba "Garrincha" y caía en el campito cada vez que ella jugaba; parecía deleitarse con el juego solamente cuando ella agarraba la pelota. Entonces él hacía una sonrisa de placer que le quedaba dibujada en su cara redonda, como una medialuna de marfil, seguida de sonidos guturales producidos un poco por su gordura, un poco por su encanto al verla jugar. Pero ella no sabía o no se animaba a definir: al llegar al arco contrario, apenas eludido el último defensor, buscaba un compañero y daba un pase o un centro para que otro hiciera el gol. La recuerdo siempre vestida con un pantalón corto azul y una camisa blanca con cuello y borde azul como el del pantaloncito. Parecía la camiseta de un equipo que solo ella vestía y representaba.

Cuando estas chicas jugaban, había en el Maracaná más concurrencia de público. Esta presencia femenina parecía garantizar justicia y educación de parte de los varones, porque los *fouls* sufridos por las chicas eran más marcados por la gente y por sus compañeros de equipo, de modo que les daban mayor seguridad para emplear toda su destreza y destacarse en el campo.

El más diestro de sus contrincantes (cuando se encontraban) era el "Flaco" Riberito, un muchacho moreno, alto, elegante y muy buen mozo, que parecía acariciar el balón cuando jugaba, y cuando encontraba a estas chicas parecía cortejarlas con sus movimientos. A veces Cecilia sufría la desventaja de la estatura o la destreza de Riberito, pero con Yolanda no había cuestión: la morocha lo pasaba por encima como un tren, y era la única que al saltar para cabecear se imponía también sobre el "Flaco". Parecía ser que a la "Yoli" le gustaban los desafíos, porque jugar contra los mejores le hacía tener las mejores performances. "Mejores son los matungos que enfrenta y mayor garra pone la Yoli", decía don Guido, el vecino que tenía la casa frente al campito. Él se veía todos los partidos desde el porche, siempre con el mate en la mano y una bolsa de bizcochitos de grasa caseros hechos por doña Celeste, su mujer, que eran el deleite de todos los chicos del barrio, que como delfines de un acuario pasábamos por turnos delante de él para *ligar* uno de esos manjares.

La primera vez que encontré a Cecilia vestida de otra manera casi no la reconocí; paseaba por el centro de Morón con sus hermanas, y fue ella la que me reconoció y saludó. Me pareció muy raro verla vestida de señorita y con pollera, y además con su pelo rubio suelto y bien peinado. En cambio, a Yolanda la descubrí años después; jugaba en el equipo de básquet juvenil de Morón. Era ya una mujer, pero la garra y su fuerte personalidad estaban intactas. Su destreza era aun mayor en el juego de baloncesto. Me dedicó una mirada y nada más; yo en aquel gesto percibí que me reconocía y me sentí vivo por eso. Parecía haber crecido siglos en esos pocos años pasados. Después, la ciudad y la vida parecían habérsela tragado, pero en mis recuerdos quedaron aquellas imágenes como instantáneas impresas en el mejor papel Kodak, sin el marrón-amarillo del tiempo.

Había por entonces muchos equipos de pibes que no eran del barrio y no querían ir a jugar allí. Tenían miedo, les pesaba el nombre y al final la fama.

Mi hermano Alberto, ocho años más grande que yo, jugaba en un equipo de adolescentes que se entendían de maravilla. Cuando jugaban ni se hablaban, y mucho menos gritaban, ¡jamás! Eran todos especialistas y a los puestos en el campo los llamaban por número: 6 y 2, defensores centrales; 3 y 4, defensores laterales; 8, 5 y 10, mediocampistas; 7, puntero derecho; 11, puntero izquierdo; y 9, centrodelantero, en esos tiempos el Artime de la situación, cuando jugaban bien y hacían goles.

Yo me deleitaba en repetir la formación con nombres y apellidos: el rubio e infalible arquero, los hermanos defensores y estrategas, los fuertes y talentosos mediocampistas, y allí por las puntas, el tercero de los hermanos Linares y mi hermano, el más veloz de todos y por eso llamado "Alberto Mas".

La mayor parte de ese grupo de muchachos frecuentaba además un colegio industrial de la zona, el Jorge Newbery. Las conversaciones entre ellos eran muy interesantes y futuristas: aviones a reacción, centrales nucleares, fábricas automáticas y submarinos a reacción atómica. No dudaban que un día Argentina construiría todo aquello con su ayuda. El futuro era claro y sonriente.

Aquella era la época de un rey indiscutido, la imagen del mejor jugador: Pelé. Quien hacía algo muy lindo en la cancha o tocaba de fenómeno venía apodado "Pelé". Pero también se usaba en modo irónico con quien jugaba con la presunción y arrogancia de ser bueno. Para que te llamaran Pelé tenías que ser no solo bueno sino también humilde.

Mientras pasaba el tiempo y crecía, me llenaba los sentidos de conocimientos y anécdotas. A través de los cuentos de los ancianos y menos ancianos, supe de la existencia de Pontoni, del "Chueco" García, de la boina de Varela, de Arsenio Erico y de Pedernera. Pero sobre todo, de José Manuel Moreno y sus grandes hazañas. "La Máquina" de River y "Los Aviadores" de Platense. A este club, además, lo fundaron un grupo de amigos que querían jugar al fútbol. Habiendo apostado y ganado un premio con un caballo del hipódromo (Gay Simon), invirtieron toda la ganancia en la fundación del club y todo el equipamiento necesario. Simples camisetas y pantalones, pelota e inflador. Corría el año 1905. Pasión sobre pasión. Gente que había hecho historia. La historia del fútbol argentino, que no era poco.

Si uno se ponía a escuchar, aquellos viejos relatores deshilachaban todo el tejido del siglo y el deporte; repetían formaciones de equipos de treinta años atrás como si estos hubieran jugado el día anterior, y lo más divertido era que discutían por las mismas cosas que habían discutido entonces.

No todos tenían la paciencia para meter oído, pero en esa nave espacial de viejas voces, yo me deleitaba viajando por las décadas pasadas, impregnadas de tango y hollín, donde merodeaban todavía viejas sombras de guapos y arrabales malevos, cuando se forjaba la pasión más popular.

Al principio copiaba algo de este juego maravilloso en el patio de mi casa, después en la vereda ancha sin baldosas y luego en el pavimento de la calle a la vuelta de mi casa, por donde pasaba poco tráfico y me sumaba a algunos vecinitos en las tardes de verano.

La siesta de los mayores era cómplice y al mismo tiempo verdugo, ya que se podía jugar bajo el pacto de hacerlo en silencio. Algunas veces, luego de un pelotazo o un grito fuera de lugar, de alguna ventana venía la amonestación que acababa con el juego. Eso me enseñó a ser mesurado, delicado y atento; la continua práctica de aprovechar la tolerancia de los vecinos me entrenaba a moverme como un gato o, mejor dicho, como un ratoncito que se robaba el precioso momento de crecer sin angustias ni aislamiento, sintiendo que el juego infantil es una dimensión, un lugar, un jardín en el que no existen lobos ni hombres de la bolsa. No hay miedos ni traumas y se puede hacer frente a cualquier dictadura de algún prepotente. Como máximo, uno deja de jugar y se aparta sanamente de la pesadilla que podría ser jugar con un insolente, irrespetuoso y petulante tirano.

3 – Un enfermito en casa

Sucedió durante la noche, la primera vez que me sentí como dentro de una burbuja, ahogándome con mi propia respiración. Es verdad que había tenido poco tiempo atrás una fuerte bronquitis, pero aparte de la tos intensa, no había sentido nada parecido a lo que me estaba pasando. Mi respiración sonaba como un pito y juntaba un montón de catarro en los bronquios. Cuando tosía para expulsarlo, me sentía ahogado y parecía que mi cabeza fuera a estallar. El esfuerzo dejaba mi rostro rojo e hinchado, al punto que mis hermanos y mi madre quedaban mudos de la preocupación... y esto me asustaba.

Pasé un invierno pesado, sintiendo mi cuerpo al límite de su fragilidad. Los médicos aconsejaban a mi madre resguardarme, no tomar frío en absoluto y tanto menos sudar. ¿No sudar? ¿Cómo haría cuando jugara a la pelota? ¿No correría? Estaba todo prohibido, y mis hermanos hacían férrea guardia.

Todo el primer invierno fue una verdadera pesadilla. Mi madre me llevaba a hacer nebulizaciones a un centro médico de Morón (El Dispensario), donde diligentes señoras vestidas de blanco me atendían y me daban coraje para soportar aquel terrible martirio. En realidad, se trataba únicamente de estar un largo rato babeando con un respirador en la cara, inhalando una medicina con olor horrible y sabor insoportable que aquel aparato vaporizaba y con una máscara hacía llegar hasta los pulmones, aligerando la carga de los bronquios y medicándolos. Habría sido magnífico que los químicos farmacéuticos que inventaron el nebulizador y aquel medicamento hubiesen pensado en darle un sabor, a chocolate, o al menos a mandarinas o limón. Esto pensaba yo. El caso es que sabía a diablos y yo lo tenía que soportar no sé cuántos días a la semana.

Después llegó el verano, y con él los sudores. A veces, aun con el calor me agarraban ataques de asma, pero en general el invierno era lo peor.

En el mes de marzo del año siguiente comencé la escuela primaria, directamente en primer grado inferior sin pasar por jardín de infantes, y mi salud era todavía frágil. Pasaba algunos días en casa y los medicamentos que me daban hacían efecto, pero a veces me dejaban hecho un trapo, sin fuerzas, ni siquiera para aprender. Sentía la conmiseración de la maestra, su ayuda y tolerancia, pero durante los recreos, el hecho de ver jugar con la pelota a otros niños y no poder hacer lo mismo hacía que mi enfermedad me diera un fuerte sentido de prisión.

Así pasaron los primeros años de escuela. Jugaba a la pelota con la imaginación y como espectador; tímidamente alcanzaba el balón cuando se salía de la cancha, y llevaba puestos siempre un chaleco de lana y una boina vasca. Todo mi ser se iba empequeñeciendo, mientras mis amigos y compañeros crecían sanos y divertidos.

Mi enfermedad me había cosido un poco de angustia y tristeza en los ojos. Mi único refugio era soñar despierto, la única defensa para combatir aquel destino. A fin de cuentas, no me habían amputado las piernas ni me faltaban los brazos, entonces en mi imaginación yo era el campeón del barrio y ya jugaba entre los grandes, hacía malabarismos con la pelota y pases que hacían anotar hasta a los más incapaces.

En mi desesperación por cambiar mi suerte, probé muchas cosas. Aprendí a respirar como me había enseñado un viejo japonés, que era el abuelo de mi compañero de banco. Este sabio señor me explicó que yo debía esforzarme en empujar y soplar todo el aire que tenía en los pulmones, pues la dolencia de ellos consistía en que quedaban siempre cargados de aire y yo tenía así el pecho hinchado, cosa que era evidente. Este ejercicio me aliviaba y aclaraba la respiración, pero no detenía las seguidas crisis, que eran fuertes y molestas, pues a veces debía dormir sentado en una silla con los brazos y la cabeza apoyados sobre la mesa, de modo de liberar el pecho y la espalda de todo tipo de apoyo y presión.

Fue entonces el tiempo en que aprendí a seguir a mi hermana Isabel. Ella era una gran campeona de los juegos de bolitas y figuritas. Arrasaba con toda la escuela y su fama pasaba los confines del barrio, por lo que atraía a coleccionistas que de lejos venían a desafiarla. Perdían irremediablemente sus tesoros y dejaban en manos de mi hermana bolitas de colección y figuritas de difícil –si no imposible– adquisición. En estos juegos sin sudor refugiaba yo mi talento e interés, pero sin llegar nunca a realizar las hazañas que la pequeña Isabel se había dado el gusto de alcanzar. Ella era temible y su seguridad y puntería en el juego eran envidiables, a veces se reunían alrededor suyo muchos otros niños que perdían la atención en su desarrollo y quedaban fascinados observando el juego de mi hermanita... que no los desilusionaba jamás... con una *quiña* de bolitas a una distancia improbable, o un *espejito* suculento lleno de figuritas imposibles de encontrar.

Un día, el mismo anciano japonés vino a la escuela y me pidió ver a mi madre, pues quería hablar con ella acerca de mi enfermedad. Así fue que una tarde se encontraron, y el hombre con cara y manos de viña le explicó a mi mamá el asunto del cuerpo humano:

–Nosotros somos como un termo, tenemos la temperatura aislada dentro de nosotros. Cuando corremos y sudamos, los poros se abren y así perdemos la temperatura excedente, sudando; pero si los poros quedan abiertos y baja la temperatura exterior, entonces es posible que haya un enfriamiento y los órganos más débiles sufran un colapso. En el caso de su hijo, son las vías respiratorias... y el mejor modo de cerrar los poros para que eso no suceda después de una fuerte traspiración es una ducha fría.

Mi madre lo oyó con respeto y le agradeció su tiempo y el consejo, pero de regreso a casa, ya por el camino, me confesó que no estaba dispuesta a correr semejante riesgo.

Me tomó mucho tiempo decidirme a hacer una ducha fría en invierno, como había aconsejado el viejo nipón. Además, el baño de mi casa estaba afuera, en el patio, y el *shock* habría sido doble. No, realmente, no pensaba que saldría ileso de una experiencia semejante. Pero la desesperación a veces nos lleva a extremos que uno no se imagina transgredir.

Habían pasado ya tres días en una de esas crisis, y mi estado anímico, además de mi cuerpo, estaba realmente agotado. Así que una fría tarde, mientras mis hermanos tomaban mates con bizcochitos en la mesa de la cocina, me deslicé hacia el baño, llené un fuentón de agua, me desnudé y me metí adentro. Me volqué agua con una jarra sobre la cabeza. Lo hice tres o cuatro veces, lo máximo que pude aguantar. Veía el vapor que producía mi cuerpo, que empañaba el espejo y los vidrios de la ventana. El agua estaba realmente fría, y cuando decidí que había terminado, me di cuenta de que no había llevado conmigo una toalla. Tuve un momento de duda sobre qué hacer, pero en seguida me vestí con la ropa que tenía y me fui corriendo descalzo a donde estaban mis hermanos, que atónitos y mudos me vieron entrar en la cocina, mientras afuera se comenzaba a desencadenar un fuerte temporal. Me siguieron hasta el dormitorio y Carmen, la mayor, me envolvió enseguida con una toalla azul que ella usaba para ir a la playa en verano.

Estaba temblando, pero a medida que me secaba y me quitaba la ropa húmeda, comenzaba a serenarme. Sentía que mis pulmones se habían abierto y que respiraba normalmente. Me puse a cantar y no me ahogaba, me invadían la euforia y la risa, y entonces aquella canción de Palito Ortega me parecía el Himno a la Alegría de Beethoven. Así fue, pues, que aprendí a defenderme de esa terrible enfermedad que me duró muchos años: a los golpes. A mi hermano le gustaba decir: "Loco, agarraste a piñas al asma, le pegaste unos buenos sopapos y ahora sos libre".

¡Sí, me sentía libre! Pero sabía que no podía confiarme; la enfermedad estaba siempre ahí, al acecho. Me persiguió siempre como una sombra, y tuve que aceptarla y convivir con ella, estudiarla y saber que en algunos pasajes de mi vida era más psicosomática que otra cosa. Pero como todo mal, enseña siempre a apreciar el bien y a vivir en plenitud los momentos de buena salud. Pese a que era una enfermedad invalidante, tuve la suerte de no darle jamás ese título, pensando siempre todo lo que podía hacer de divertido el día después: cuando estuviera bien.

4 – Comenzaba a crecer

Después de un verano ajetreado y caluroso, lleno de encuentros futboleros, me di cuenta de que algo estaba cambiando en mí, y de esto tenía la ratificación por las cosas que oía de mi familia y amigos. Yo estaba creciendo, y aunque todavía la pelota de cuero me daba miedo, de vez en cuando la tocaba, la perseguía si salía del campo cuando jugaban los más grandes, trataba de pegarle como lo hacían ellos. Después, de retorno a casa, caminando imitaba los movimientos de las jugadas que había visto durante los partidos del día, o los movimientos de ciertos jugadores que habían sido aplaudidos y festejados. Mimaba el parar con el pecho un balón invisible, cabecear un centro o volar en tijera para hacer un gol luego de pegarle en el aire a una pelota inexistente.

Pienso que todo este barullo era un poco embarazoso para mis hermanos, que me reñían y caminaban a unos pasos de mí. Pero esto no me importaba, es más, me daba mayor espacio. Me sentía más libre para practicar mis movimientos, sin darme cuenta de que eran la gimnasia que habría de dar plasticidad, gracia y ritmo a mis futuros movimientos en la cancha con jugadores reales y con pelota verdadera.

Por entonces iba ya para los nueve años y todavía no me habían admitido en el equipo de mi clase en la escuela.

—Vos no jugás a nada, no sabés ni siquiera el reglamento— decían mis compañeros.

Claro, así yo no podía mejorar, para hacerlo tenía que practicar. Entonces comencé a jugar con los más chiquitos, y a veces solo, peloteando contra la pared del fondo de mi casa. Poco a poco me fui haciendo un grupo de seguidores, infantes, párvulos más chicos que yo, a los que les gustaba jugar conmigo.

Ese año fue difícil en la escuela, pero lentamente me iba haciendo un espacio entre mis compañeros; paso a paso me fui dando cuenta de lo que me gustaba hacer en el campo y con la pelota. Tuve algunas experiencias traumáticas, como el pelotazo con la de cuero profesional que me dieron en la nuca el día que el profesor de gimnasia nos llevó al estadio de mi ciudad para conocer un verdadero campo de fútbol. Recuerdo que lloré por el dolor y por el *shock* que el golpe me produjo, pero lo que más me dolió fue no poder jugar porque después del episodio el *profe* no me puso en el equipo por llorón.

Antes que terminara ese partidito que mi curso perdía contra los del turno tarde, vi entrar en la cancha a los profesionales del equipo de mi ciudad. Eran grandes y potentes jugadores con piernas poderosas, vestidos con equipos de óptima calidad, pantalones de *jogging* de puro algodón rojo y blanco, botines de cuero negro que a pesar del pasto alto mostraban temibles tapones. De nosotros, el más equipado tenía botines *Sacachispas*, y los otros como yo, zapatillas de tela y goma comida por el asfalto y la rueda de la bicicleta, ya que las usábamos como freno para derrapar.

En primavera era mi cumpleaños y todo en torno a mí se volvía más fácil, las cosas me salían derechas y el mundo parecía más amable. Mi enfermedad me estaba dando un poco de tregua, hasta la pelota se me pegaba más y obedecía a todos los comandos y caprichos, efectos y toques. Los balones de cuero no me parecían tan pesados ni duros, y esto me estimulaba a buscarlos con la cabeza y con el pecho, con los muslos y con ambos pies.

Cada tanto cambiaba de ídolo al cual imitar, porque, escuchando los partidos en la radio, los relatores de fútbol me dejaban imaginar la magia que hacía una vez el *wing* derecho de River con su gambeta y paredes, o el modo en que la escondía el medio ala de San Lorenzo, la volea del puntero izquierdo de Independiente, la gambeta corta y fulminante del 10 de Boca. El campeonato argentino de fútbol me parecía un concentrado de genialidades. Dicho por los comentaristas de la radio, cada partido era una fiesta y había una multitud de jóvenes en los barrios de mi ciudad que, un minuto después del final de la jornada del torneo, salían de sus casas a imitar a sus estrellas favoritas sobre el pavimento, porque el relato de los comentaristas de radio era tan real que se podían *ver* y hasta discutir las irregularidades, el empeño o el cansancio de nuestras estrellas. Muchos de mis amigos salían a la vereda y, con una pelota de goma pegada al pie, relataban y reconstruían las jugadas y los goles de "Pinino" Mas, Ángel Rojas, Della Matta o "El Ronco" Onega. ¡Formidable!

Teníamos un fútbol que era una fiesta llena de nombres, sueños y gestas deportivas dignas de un pueblo apasionado y participativo, que llenaba estadios y todo tipo de teatro donde se manifestaba esa pasión. Y yo aprendía de todo ese mejunje de movimientos y saltos que parecía un baile endiablado y feliz. Un candombe con cadencia de tango... por lo sabido y sobrador.

5 – Reconocimiento

Durante la Copa Libertadores, las escuadras argentinas jugaban y se batían con uruguayos y brasileños en una competencia aguerrida. Los demás equipos de países menores, futbolísticamente hablando, no contaban. A menudo los equipos argentinos salían victoriosos de esos encuentros, a pesar de que los equipos brasileños eran temibles y los uruguayos eran tradicionalmente fuertes. Esto me daba un panorama del fútbol que se jugaba en la Argentina.

En el año '67, Racing –la "Academia" de Avellaneda– jugó la final Intercontinental con un equipo escocés, el Celtic Glasgow, y ganó la Copa del Mundo. El gol del "Chango" Cárdenas se grabó tan profundamente en mis pupilas, que todavía hoy lo recuerdo, con el vuelo del arquero Fallon, que parecía el vuelo de un ángel, pero que no alcanzó para evitar la alegría de millones de ojos que se fijaban en aquel milagro. Cuando veo goles de ese calibre me sale instintivamente compararlos con aquel que hizo explotar a hinchas de todos los equipos y fue regocijo de todos los argentinos. Desde entonces comencé a ver el fútbol argentino con otros ojos. Pese a que no era mi club, sentía que Racing había ganado para todos y que sus jugadores eran parte de todo el sistema futbolístico argentino.

De ahí en adelante, siempre tuve en cuenta este concepto: un equipo argentino que podía ser rival de mi equipo preferido se convertía en mi equipo cuando jugaba contra uno extranjero. Con los años, este concepto me enseñó a reconocer el mérito de otros equipos de mi país cuando se enfrentaban con mi cuadro o cuando en la escuela, el bar o la cancha se hablaba y se hacía crítica de otros equipos. Después, eso se transformó en respeto por mis antagonistas de juego en la cancha. Y más aun creció cuando me hacía más grande.

Y años más tarde, en los Campeonatos Mundiales, además de hinchar por el seleccionado argentino empecé a hacerlo por los equipos sudamericanos, como en el '70 cuando Brasil ganó su tercer Mundial y se llevó la copa Jules Rimet definitivamente a Río de Janeiro.

Yo lo sentía como un logro de todo el fútbol sudamericano, un pueblo muy grande y con muchas similitudes, casi una gran familia. En ese mismo campeonato lamenté la salida de escena de un digno equipo que no recogió los laureles que merecía: Perú. Cubillas, Chumpitáz, Challe y "Perico" León no pudieron escribir sus nombres en el firmamento de los grandes ganadores como yo había previsto. Después de haber eliminado a las selecciones nacionales de Argentina y Bolivia, no me cabía duda de que era un equipo destinado a grandes empresas, pero en los cuartos le tocó Brasil... aquel Brasil al que se le alinearon todos los astros, por tiempo y por medida, y en esa conjunción eclipsó a todo el resto, como queriendo decir con un hermoso silencio ensordecedor: "Señores, esto es el fútbol, lo demás son argucias, estrategias y quimeras"...

Mientras yo continuaba jugando los domingos con mis enanos (así llamaba a mis compañeros más chicos que yo) al costado de la cancha, en una faja de tierra desigual, miraba a los grandes que jugaban adentro y registraba siempre una jugada nueva, repitiéndola casi de inmediato, ya que me era fácil hacerlo con los más chicos. Así pasaron algunas estaciones: largos veranos con partidos nocturnos, porque jugábamos hasta el anochecer, hasta que la pelota no se veía más; inviernos con domingos soleados; primaveras y otoños ventosos. Solo el cambio físico mío y de mis amigos me fue dando testimonio del tiempo y del crecimiento.

Quién sabe si aquellos jugadores aficionados y los mismos profesionales que se veían en televisión han tenido y tienen actualmente la conciencia de haber hecho tanta academia, de haber enseñado tanto a jóvenes y niños sin proponérselo, sin imposiciones. Purretes que soñaron repetir aquellos movimientos y jugadas para llenarse el corazón de esa inmensa alegría (que a veces dura solo un instante) y que da la satisfacción del logro, como si uno finalizara una gran obra artística. Salvando las diferencias, me viene a la mente que es como lo que van dejando los primeros bailarines del Teatro Bolshói, los jardineros de Versailles, los pilotos de aviones de caza de todas las fuerzas aéreas de este mundo o los dibujantes de cómic con sus increíbles historias y personajes. Para mí, desde hace algún tiempo, Maradona y Mafalda pertenecen a la misma cantera popular que Gardel, Miró, Fontanarrosa y los Rolling Stones.

6 – Recoger lo aprendido

La primera vez que mis coetáneos del barrio me invitaron a jugar con ellos (y eran más grandes que yo) lo hicieron por falta de jugadores y me pusieron en defensa. Toqué pocos balones, pero me mostré muy prolijo y me adapté bien a mis compañeros. Tan grande fue el suceso de mi debut que ni yo mismo podía creerlo. Mayor aun fue mi asombro cuando me invitaron para volver a jugar la semana siguiente.

Con el tiempo se fueron alternando los partidos con los chicos y con los grandes. Estaba dando otro paso hacia lo que más deseaba, aunque jugar en defensa no era lo que más quería. De cuando en cuando, mientras jugaba con los grandes, me aventuraba en alguna fuga en ataque, y así poco a poco fui tomando seguridad. Algunas veces las cosas no salían bien y entonces… a recomenzar a ganar la confianza de mis compañeros. Semana tras semana me fui acomodando al medio de la cancha, y de defensor pasé a mediocampista. No desdeñaba correr por las puntas y tirar centros para que alguno de mis compañeros cabeceara, ya que había aprendido a pegarle con las dos piernas. Por izquierda y por derecha, cuando estaba inspirado y el partido lo permitía, me divertía hacer de puntero "neto".

Casi no me di cuenta, pero en algún momento fui integrado al equipo de coetáneos de mi barrio, que se estaba formando en ese periodo, donde yo era el más chico de edad y de físico. Para mí, todo aquello era un logro sin igual.

Comenzaron a aparecer algunos nuevos jugadores que no conocía. Un arquero que era una bomba, enorme, con sobrepeso. Parecía muy torpe, pero a la hora de tapar era una cortina de hierro. Ágil de arriba y de abajo, en las salidas ganaba siempre él. Otro, un defensor pelirrojo que era un muro, alto y atlético, y jugaba como un adulto. Serio, cabeza cuadrada y mentón determinado; no sonreía nunca en la cancha durante un partido. Él propuso los entrenamientos y una estrategia de juego, además de decidir los colores de las camisetas. Esto no le fue difícil, ya que una mañana que teníamos un desafío se apareció con un bolsón lleno de remeras de un mismo color: rojo y blanco a rayas horizontales. Algunos chicos del equipo se lamentaron, decían que parecían casacas de *rugby*, pero no hubo discusión porque el primer día que las usamos ganamos el partido. Todos habíamos jugado bien y, lógicamente, lo atribuimos a la suerte que nos habían dado las nuevas camisetas. En poco tiempo sentimos afecto por ellas; con pantaloncitos blancos eran una fábula.

Por personalidad y coraje lo elegimos como capitán. Todos lo llamábamos "Rojo" y yo siempre pensé que era por el color de su pelo, hasta que tiempo después, cuando me fui a inscribir al colegio comercial de Villa Luzuriaga para hacer la secundaria, me lo encontré en la fila de la secretaría. Cuando le pidieron el nombre, dijo: "Juan Sebastián Rojo". Se volvió hacia mí, y con un poco de vergüenza por los empleados de la escuela y muy divertido por mi sorpresa, sonrió y me saludó con un guiño.

Aquel muchachito hacía todo con mucha seriedad, y el fútbol era una cosa muy seria para él. Sus actitudes eran claras y decididas, y además preveían desenlaces y consecuencias. Concentrado y determinado, no perdía tiempo en elegancias o poses, era un futbolista puro, natural, que transmitía a sus compañeros la abnegación sin sacrificio; él podía lo que nadie podía o se animaba a enfrentar; aun jugando con los adultos.

Toda empresa era un compromiso y ningún temor lo portaba a especulaciones, haciéndole así ganar el respeto de todos nosotros.

No sólo me había ganado un puesto en el equipo de mi barrio, lo había hecho también en el de la escuela. Pensaba que era una fortuna tener un campito cerca de casa, donde con los amigos podíamos jugar todos los días si queríamos, ya que para jugar bien al fútbol no sirve solo el talento sino también la continuidad y dedicación, el entrenamiento. Cuanto más juega uno, más aprende. Además el deporte, en general, fortalece, y yo necesitaba fortalecerme pues era pequeño, delgado y frágil, pero ya no tanto como antes.

No tenía otros pensamientos por entonces: hacer deberes, ir a la escuela temprano en la mañana, hacer algunos mandados. Lo demás era fútbol. En cada encuentro que teníamos con los compañeros de mi curso se veían los progresos que yo hacía; tal vez porque me había iniciado más tarde que los demás o porque jugaba más seguido que mis compañeros. De todas maneras, en cada encuentro los estaba habituando a una nueva sorpresa.

Nunca fui un gran gambeteador o uno que tiene la pelota mucho tiempo. En mi juego, desde el principio entendí que con pocos toques y pases bien dados se podía hacer también la diferencia. Jugaba velozmente e inventaba triangulaciones, paredes y pases en profundidad.

Mi hermano me contaba cómo jugaban los europeos y brasileños, y yo sacaba provecho de eso. Me descomponía de rabia ver un jugador que *se la comía* u otro que no daba pases, que la podía perder en inútiles gambetas. Nunca faltaba alguno que, en vez de hacer un pase a distancia, *te la traía a domicilio*, de modo que hacía que todo fuera demasiado anunciado y los defensores contrarios ganaban ubicación y terreno para contrarrestar la jugada.

Para mí, *dormir* un pase recibido junto al pie, tocar un pase chanfleado o de rastrón con final preciso era un preciosismo que superaba una normal gambeta. Claro que había gambeteadores ante los cuales había que sacarse el sombrero, cuyas jugadas hacían la diferencia; pero ellos necesitaban también jugadores de apoyo como yo para que sus zigzagueos tuvieran un sentido positivo y un final feliz.

Me gustaba practicar todo tipo de ejecución, con efecto interno y con efecto externo, sin mucha potencia en el tiro. Debía desarrollar bien los efectos y, sobre todo, la volea, un golpe que me permitía explotar la fuerza y el efecto que ya traía el balón, y además, un toque espectacular… si no salía *a los caños*.

Al borde del Maracaná había una pared medianera que separaba el campito de una construcción, donde se notaban las uniones de las paredes y el techo de la casa a la que pertenecían. Allí me parecía ver un arco en el que me entrenaba con tiros de todos los ángulos y sobre todo bajo el travesaño, que era la zona más difícil de proteger para cualquier arquero. Allí le pegaba con ambos pies y todos los chanfles posibles. Si veía una pelota vagante, la reventaba contra ese arco imaginario eligiendo el ángulo preferido o ideal para cada ocasión. Nadie se percataba de que yo, en aquel gesto, estaba haciendo un gol. Hacía este ejercicio muy seguido, y el resultado se veía cuando en un partido, delante del arco contrario, la metía sin grandes dificultades en el ángulo preferido y cada vez con mayor seguridad.

No obstante mi baja estatura, saltaba siempre que tenía que disputar una pelota aérea. Eran más las veces que perdía el duelo, pero yo lo tomaba como un entrenamiento y además obtenía el reconocimiento de mis compañeros, que me estimulaba no poco. También cuando mi equipo perdía un balón peligroso era el primero en correr para recuperarlo. Molía kilómetros y kilómetros en cada partido y, no obstante el cansancio, sentía mis vías respiratorias mucho mejor que cuando no lo hacía.

Fueron estaciones felices las de aquellos años de crecimiento físico y mental. Había aprendido a apreciar también los libros, ya que en mi casa, aunque el piso era de tierra, teníamos una surtida biblioteca con libros, revistas y enciclopedias, que mis hermanos mayores coleccionaban y devoraban con pasión y vocación de profesores. No todo aquel precioso material pedagógico había sido comprado por mi familia; una gran parte era producto de canje o percibido como propina por trabajitos, mandados o servicios realizados por nosotros. Yo era muy curioso y preguntón; ellos se lucían con explicaciones profundas y detalladas. Cada uno a su modo, y con vocaciones diferentes, me instruían en un complejo de cosas que nada tenían que ver con la enseñanza normal para un niño de mi edad.

Aprendía temas de un valor cultural universal que raras veces están al alcance de los niños, y que me dieron, para regocijo propio, una huella cultural que creció a lo largo de toda mi vida. Me contagiaron ese gusanito intelectual que aprende y enseña, cada día y siempre.

7 – La despedida

Teníamos 12 o 13 años y todo cambiaría en algunos meses más. Con la escuela secundaria, las compañeritas que había visto crecer desde niñas, por las cuales yo albergaba un sentimiento fraternal, se convertirían en las *minitas* nuevas por las que habría seguramente comenzado a probar otro tipo de curiosidad.

Eran los últimos meses de escuela primaria, en mi clase estábamos más unidos que nunca. Mis compañeras estaban emocionadas por la despedida escolar y mis compañeros agitados por los cambios. Éramos ya adolescentes y no lo habíamos percibido. Por estar siempre entre nosotros, creciendo juntos, habíamos a malas penas notado el alzarse del busto de las chicas o que alguno de nosotros había dado un fuerte estirón.

El periodo de inscripciones en diferentes colegios secundarios nos había hecho vivir a todos y a cada uno comparaciones con otros adolescentes nuevos, y nos habíamos reflejado en ellos al ver chicos crecidos en plena pubertad. Aquellas semanas fueron un revuelo de hormonas e inquietudes destinadas a reacomodarnos en una nueva realidad. De golpe todo cambiaba: chicas y chicos asumían comportamientos diferentes a los que siempre habían tenido. A pesar de nuestra tradicional y gran fraternal unión, algunos se sintieron más crecidos y tal vez, por qué no, más valorizados. Ciertamente, esto fue más evidente en las muchachas más bonitas y no en aquellos afeados por los cambios del crecimiento, los granos y demás.

Terminó la escuela primaria con el dolor del abandono y la partida, con nostalgia y promesas de amor eterno, con mil escrituras en el delantal blanco; firmas y dedicatorias, una marea de palabras, algunas hechas en serie y otras únicas, inolvidables, como la que descubrí al llegar a mi casa después de la fiesta, escrita en la espalda de mi delantal: "No olvidaremos nunca tu dulzura y tu sonrisa. Mary y Sara". Mis dos compañeras de clase, las mayores. Estaban siempre juntas y compartían todo. Aplicadas y prolijas, vivían su mayoridad con relación al resto con suficiencia de maestras. Con solo un año de diferencia de edad, había una buena diferencia física y mental entre ellas y el resto de la clase. Para mí había sido una fortuna encontrarlas. Ellas se habían hecho cargo de mis insuficiencias y de mi lentitud en el aprendizaje de algunas materias, explicándome con paciencia las cosas que yo no entendía, incluso mi inicial dificultad para defenderme de ciertos gestos prepotentes de un compañero que al final del periodo escolar de primaria terminó pagando cruentamente sus abusos. Una verdadera adopción, en la que yo hacía la parte del benjamín con el que ellas jugaban a la mamá, o mejor dicho a la hermana mayor.

El tunante caminaba con pasos largos y andar cansado; con el tiempo aprendí que se trataba de un rasgo de personas muy seguras de sí mismas, con gran autoestima. Era el más grande de la clase, aunque nunca supe su verdadera edad. Tenía el mentón siempre alto y adelantado en relación con el resto del cuerpo y la cabeza, que llevaba un poco torcida hacia un costado, de modo de poder mirar a los demás siempre de arriba abajo, aun a los que eran más altos que él. Con una densa soberbia y una vulgar arrogancia, nos dominaba a todos con el terror. Tenía manos grandes y rudas, con las cuales le gustaba gesticular con fanfarronería. Cometía todo tipo de abusos: se hacía prestar útiles que nunca devolvía, se apropiaba de todas o casi todas las cosas que podían gustarle de alguna manera, dentro de la clase, en la escuela o fuera de ella; no estudiaba ni hacía los deberes, y cuando era urgente hacerlos obligaba a alguno de nosotros a completárselos.

Jorge Michelli (así se llamaba el prepotente) hacía cosas de grande y hablaba de cosas de adultos. Sus amigos fuera de la escuela eran ya muchachones con trayectoria de delincuentes, gente que no había terminado la escuela o que nunca había concurrido. Se ufanaba contando sus aventuras y el duro trabajo que de vez en cuando desarrollaba: ayudar a su padre albañil. Tenía una víctima preferida, un cierto Petronilli; no sé por qué, pero si algo tenía que suceder de trágico, le pasaba siempre a él, como un pararrayos que está construido y pensado para ligarlas todas... El perfecto ejemplo de la Ley de Murphy. En rigor de verdad, Michelli había encontrado en Petronilli la perfecta víctima para su sadismo, donde desfogar su neurosis y naturaleza violenta. Como tenía aires de galán, se cuidaba de molestar demasiado a las chicas, pero no hacía descuentos si no eran bellas. En los últimos dos años había empeorado su comportamiento, y la intervención de la maestra y de la directora, con reiterados llamados a su padre, no surtía ya ningún tipo de efecto. Las ofensas infligidas a cada uno de los varones de la clase se contaban por docenas y eran la parte oscura en la relación armónica del resto de los compañeros. El tema parecía no tener solución.

Un día, en una reunión, vimos llegar llorando a uno de los chicos, algo maltratado por aquel tunante, con la característica vergüenza del niño o la mujer golpeada por un integrante de la familia (o sea, la doble humillación de ligarla por manos de quien recibe amor y confianza de nuestra parte). Pienso que fue esa la gota que desbordó el vaso. Estábamos todos iracundos de indignación y de rabia. Aquel día tomamos una decisión. Pienso que todos los que hemos participado llevamos indelebles en la memoria todos los detalles de aquel nefasto episodio.

Planeamos una trampa y la llevamos a cabo. Consistía en encontrarlo solo y entre todos darle una buena lección, una fuerte golpiza que lavara todas las afrentas que durante los últimos años nos había procurado. No era una cosa fácil. Primero se necesitaba un lugar apartado y además un motivo para crear el enfrentamiento. Pensamos en ello por algunos días y se nos ocurrieron las ideas más disparatadas, como aprovechar una salida de la maestra de clase para caerle encima y masacrarlo... hasta que al final, todo surgió casi como por casualidad.

Después de una discusión con Luis (uno de nuestro grupo), este lo desafió para vérselas en un terreno baldío situado detrás de la escuela. Era el último día de clases. Así fue que al final de los festejos y saludos, dulces y gaseosas, a la salida de la escuela Jorge se acercó a Luis. Lleno de odio y absolutamente seguro de que le propinaría una paliza, le dijo:

—Nosotros dos tenemos una cita en el terrenito de atrás... ¿O arrugaste?

Luis giró hacia nosotros con una mirada cómplice y temerosa, pero algunos lo aclamamos y lo rodeamos, incitándolo a llevar a cabo la disputa. Al salir del edificio de la escuela, Jorge comenzó a caminar por delante en dirección al lugar del encuentro, dándose vuelta de tanto en tanto para ver si Luis lo seguía, seguro de sí mismo e ignorante de estar caminando hacia nuestra trampa. Detrás caminaba Luis y nosotros en torno a él. Algunos chicos de nuestro grupo se desviaron del camino antes y se fueron a sus respectivas casas. No podíamos recriminarles nada para que Jorge no tuviera sospechas. De todas maneras éramos suficientes, quedamos al menos siete de nosotros.

Llegamos al lugar y, sin preámbulos, Jorge dio un fuerte sopapo a Luis, que se puso en guardia con las mejillas rojas. Omar y Guillermo, iracundos de rabia y coraje, fueron los primeros en saltar encima de Jorge. Y los demás los seguimos. Lo tiramos al piso con no pocos problemas, después de ligar sus golpes y patadas. Era un muchachote mucho más fuerte que nosotros, con una musculatura más densa, pero la sorpresa jugó a favor nuestro: él no se esperaba una cosa así, eran demasiadas las manos que lo aferraban y demasiados los pies que lo golpeaban. Ya en el piso, el desborde fue total y muy intenso, aunque duró sólo algunos segundos. En un determinado momento, todos nos alzamos al unísono y nos alejamos instintivamente por temor a las represalias individuales, pero Jorge no se levantó. A pesar de su rabia, quedó en el piso todo contuso y traumatizado por los duros golpes. Al alejarnos, algunos reíamos nerviosamente, llenos aún de adrenalina.

Nos reunimos después de la primera *diáspora* para caminar juntos, y fue Guillermo el que se dio la vuelta y le gritó:

—¿Te gustó la despedida, hijo de puta? ¡Así te vas a acordar siempre de nosotros y de toda la rabia que nos hiciste comer en todo este tiempo!

Ahora que soy grande pienso —como pensaban los grandes de aquella época— que toda esa reacción era una cosa insana. Pero pienso también que en algunas vicisitudes la vida enseña al hombre en cualquier parte o en cualquier edad a reaccionar ante los conflictos que se presentan. Son poquísimas las veces en que uno tiene la oportunidad y el coraje de poner fin a un estado de tiranía, aliado con sus semejantes o sufrientes del mismo sector. El sufrimiento nos aúna y nos rinde iguales ante el dolor. También son poquísimas las veces que un grupo, una sociedad o un pueblo se acomunan espontáneamente para enfrentar la desigualdad, la prepotencia, la usurpación de los derechos. Como en una revolución.

8 – Fútbol y ajedrez

Ese verano, al final de las clases, hice mi primera experiencia de trabajo. Fui aceptado en el taller de costura y planchado donde trabajaba mi madre. Yo cortaba hilos y doblaba cajas para exponer camisas de poliéster, todas blancas o celestes. El horario era completo con pausa al mediodía, pero a mí me permitieron hacer horario corrido hasta las cuatro de la tarde. Esto, además de permitirme comer un sándwich de figazzita con mortadela o matambre cada día, me daba algunas horas para jugar un "picadito" antes del atardecer. Como todas las cosas a esa edad y con aquellos recursos, encontrar un grupo de amigos como a las cinco o seis de la tarde se hizo una costumbre diaria y una cita obligada. Allí peloteábamos con todo el Maracaná para nosotros, felices y despreocupados por escuelas y deberes, que habían terminado por las vacaciones. Dejábamos correr las semanas y todas las ganas de crecer.

Llegó así el día de mi primer salario. En mi casa estaban todos excitados con ese evento; eran 4000 pesos y debía yo decidir cómo gastarlos, qué hacer con ese dinero. Poco tiempo atrás mi hermano había fabricado un tablero de ajedrez con el que me enseñó a jugar. Me apasioné. En una de las incursiones aventuradas que solíamos hacer con mi hermana Isabel, habíamos encontrado en una casa abandonada unas fichas de juego que podían ser de ruleta o cartas. Tal vez la irrupción de la policía en una garita de juego clandestino las había hecho llegar allí, obligando a su poseedor a deshacerse de ellas en forma rocambolesca. Fantaseábamos.

Había fichas de varios colores y medidas, pero las rojas grandes y las verdes medianas eran las más numerosas. Mi hermano las contó, me miró como quien oculta una sorpresa y se puso a dibujar en un cartón, con una precisión de arquitecto, un mosaico de cuadros perfectos a regla tendida. Después coloreó de negro en forma alternada la mitad de los cuadros y la otra mitad la dejó en blanco. Dispuso las fichas rojas de un lado y las verdes del otro. Yo intervine al ver que las fichas no guardaban espacios vacíos, sino que estaban una al lado de la otra en solo dos filas. Le dije:

–Estás equivocado, tienen que estar separadas por un cuadro y ocupar tres líneas.

Y él respondió:

–No son damas. Es ajedrez y no todas las fichas son iguales.

–¿Y cómo las vamos a reconocer? –repliqué.

–Ya verás–repuso.

Dibujó en un papel todos los personajes: los caballos, los alfiles, las torres... Y todos aquellos extraños personajes eran idénticos a como los habría de conocer meses después en escultura original. Unos los coloreó de negro con lápiz y otros los dejó en blanco; recortó prolijamente los dibujos apenas terminados y los pegamos con engrudo encima de las fichas. De esta manera tuvimos negras y blancas. Cuando se secaron, me explicó el complicado sistema de este juego maravilloso, los movimientos de cada pieza, las reglas de juego y la historia de su creación. Jugábamos seguido y de vez en cuando los papeles con los dibujos pegados sobre las fichas se despegaban, ya que el plástico no absorbía el engrudo usado como pegamento, y eso comportaba problemas para manejarlas como piezas. A veces se perdía alguna y mi hermano la reconstruía. El problema surgía cuando se despegaban durante un partido, quizá con amigos. Como el día que llevamos el tablero para jugar en lo de Omar, un amigo del colegio de mi hermano: su casa tenía un jardín donde había una mesa de cemento y azulejos, con sillas de hierro forjado alrededor. La tarde era perfecta, de sol, y me divertía ganarles a los coetáneos de mi hermano. Hasta que se levantó un viento y nos "barrió" el tablero, mejor dicho, los dibujos en cartón pegados en las fichas.

El juego quedó tirado por mucho tiempo, faltaban muchas fichas y mi hermano no tenía tiempo para rehacerlas. Lo extrañaba, no me hacía tanta falta como cuando llovía muchos días seguidos y no podía jugar al futbol, pero echaba de menos el ajedrez. Aquel juego tenía algo mágico que me fascinaba, además, no obstante la diametral diferencia con el fútbol – uno físico y otro mental– tenía algo de similar con este deporte: defensa, ataque, estrategia; jerarquías diferentes. Había también peones y alfiles en la cancha; torres, reinas y caballos capaces de cambiar un partido con una jugada maestra.

Por eso cuando cobré y tuve ya mi primer sueldo en el bolsillo, fui a una juguetería de Morón y me elegí, con el consejo de mi hermano que me acompañó, una pelota de cuero n.º 5 y un tablero de ajedrez de madera, completo, con su reglamento y la peculiar e increíble historia de su invención.

Duró muchísimos años aquel juego. Lo he visto envejecer conmigo y con mi familia, enseñando sus secretos a las nuevas generaciones. Los alfiles se astillaron; las torres perdieron almenas o dientes; los caballos, las orejas; los peones, algunas cabezas. Su cartón coloreado, lleno de pliegues y garabatos con distintos crayones, gritaba "¡piedad!". Le perdí sus pasos ya de adulto, después de un viaje de descubrimiento a la vieja Europa, cuando decidí quedarme en Italia a probar fortuna.

La pelota, en cambio, duró poco más de un año y se *ovalizó* enseguida; pero fue un periodo mágico, pues su deformación le quitó calibre y balance, y esta dificultad me adiestró para ampliar mi sensibilidad en los pies para aplicar en el juego.

Fútbol y ajedrez: dos buenos ingredientes, para ayudarte a crecer sano y fértil como un campo de grano. Aun si te construyen encima una masa de aberrantes abominios, tu tierra bien abonada te hará germinar el alma, el espíritu y tu verdadera índole, para seguir buscando tu rumbo y tu verdadero destino. Ese que vos soñaste en tu juventud y que nunca te resignaste a dejar encerrado en un cajón.

9 – Segunda despedida

Estaba terminando el último verano de la primaria y se acercaba el primer día de secundaria. Yo no tenía la más mínima idea de lo que me esperaba, entonces prefería no pensar. Todavía jugaba al fútbol con los compañeros de mi última clase, que para entonces ya me habían aceptado en el equipo y apreciaban mi calidad de juego.

La última vez que jugamos fue en un desafío con el equipo de mi barrio. Ya lo habíamos hecho en otras ocasiones con los barrios de mis otros compañeros y siempre habíamos ganado; yo siempre había jugado en el equipo de la escuela y marcado goles. Pero aquel día, por primera vez, jugué en contra. El equipo de mi barrio era fuerte y estaba bien organizado; yo podía demostrar cosas que con el equipo de mi clase no podía hacer. No sé por qué era así, tal vez por un raro condicionamiento que se vive en las situaciones creadas entre compañeros de escuela.

El caso es que estábamos ganando y yo notaba un poco de enojo de parte de mis compañeros de escuela, una desaprobación, una especie de rabia también dirigida hacia mí. Con el pasar de los minutos, mi sentimiento de culpa fue invadiendo mi modo de jugar y me arrepentía de haber hecho dos goles. Por primera vez veía que mis invictos compañeros acusaban una gran frustración y dentro de sus corazones me echaban la culpa. Comencé a jugar con desgano y a defender al equipo contrario en las disputas sobre el reglamento...

Al final del primer tiempo fuimos al descanso con el resultado 4 a 1, una ventaja de tres goles a nuestro favor. Cada equipo se acomodó detrás de un arco para conversar y analizar lo hecho y lo por hacer. En un momento, el "Colorado" Rojo le dijo algo en el oído a uno de mis compañeros de barrio, quien salió corriendo hacia el otro arco. Cuando llegó, vi que hablaba con Guillermo, arquero y capitán del otro equipo. Este le dio una camiseta, que el mensajero entregó a nuestro capitán. Entonces nuestro capitán se puso de pie y, mirándome a los ojos, me dijo serio:

—Ahora jugás para el otro equipo, es la primera y última vez. Ya está todo arreglado: "Saladito" (un vecinito que no se bañaba nunca) va a jugar en tu lugar.

No dije nada, me alcé y me fui caminando despacio con la cabeza baja y en la mano la camiseta número 7, la de siempre. No sabía si lo que hacía estaba bien o mal, pero me lo había dicho mi capitán, él había arreglado todo. Yo no sabía si sería bien recibido por mis compañeros de escuela, ya que durante el primer tiempo había habido fricciones y nos habíamos mirado mal.

Cuando me acerqué, el capitán del equipo de mi escuela dijo: "Ahora estamos completos". El pibe que me había reemplazado, y hasta entonces había jugado en mi lugar, se quedó sentado mirando la cancha como a lo lejos, con los ojos achinados como si tuviera viento o sol en contra, mientras nosotros salíamos a jugar el segundo tiempo. Era evidente que no estaba contento.

Empezó el segundo tiempo y por unos minutos jugué como lo hacía siempre, como limitándome. Entonces uno de mis compañeros cruzó un centro de derecha a izquierda y yo la paré con el pecho, cerca del área contraria. Amagué irme por la izquierda y en seguida enganché hacia el centro. Se abrió un vacío en el medio y "Cortina de Hierro" se me vino encima. Atiné solamente a pegarle bien abajo y la pelota se alzó en un perfecto sombrero. Nadie pudo llegar para detener su entrada en el arco.

No podía gritar el gol. Nadie lo gritó. El "Rojo" me miraba con severidad y aprobación al mismo tiempo. Tenía un gran temple y buena educación deportiva, pero eso duró solo unos instantes. Después fue la esfinge de siempre. Jugando contra él, realicé cuanto estaba por encima de todos nosotros. Yo lo tenía que evitar, no encontrarlo. Si tenía la pelota, debía pasarla antes, pues me conocía muy bien y sabía anticiparme como nadie. Además, sus largas piernas parecían los tentáculos de un pulpo que se te metían por todos lados y terminaban siempre robándote la pelota.

Ese segundo tiempo fue uno de los momentos que seguramente marcaron mi modo de jugar y sentir el fútbol. Por una parte, jugaba con mis compañeros de escuela, que eran como una familia, sin complejos, presiones, desaprobaciones ni liderazgos. Guillermo, nuestro arquero y capitán, no vociferaba como era su costumbre y todos jugábamos mejor. Por otra parte, jugaba contra los mejores que había encontrado, un equipo bien hecho y bien dirigido, con mediocampistas y defensores de muy buen nivel. En algún momento me puse a pensar: "¿Y yo soy titular en este equipo?".

Después del gol, comenzó un periodo de juego suelto y seguro de parte nuestra. Empezamos a atacar más y por las puntas; yo estaba muy dinámico y me mostraba en espacios vacíos para recibir el balón. Comencé a notar que cuando hacía esto, el equipo contrario entraba en crisis y nerviosismo. Teníamos la pelota nosotros, el problema era el arquero de ellos. Mi equipo jugaba bien y seguramente mi participación era importante. Yo no pensaba en eso, pero me lo hicieron notar después. Con el mejoramiento de nuestro juego, el equipo contrario perdía la unión compacta que era normal en él.

Faltaban 10 minutos cuando una pelota se quedó sin dueño en medio del campo adversario. Yo estaba de espaldas al arco, entre el arco y la pelota. Corrí hacia ella y con una media vuelta hice partir un globo para superar al arquero. De reojo había visto que "Cortina" estaba adelantado y no esperaría un pelotazo de esa manera. Mientras la iba a buscar dentro del arco, atinó solo a gritarme:

—¡Ya vas a caer en el área, chiquitín... y te hago manteca!

Sabía que era solo una broma. Aquel gigante de mala traza no era capaz de hacerle mal a nadie.

En aquellos tiempos y en aquellos partidos todo debía ser especial, cada encuentro tenía que tener una montaña de anécdotas y jugadas espectaculares. Todos hacían el máximo esfuerzo para que fuera así. Era nuestro mundo, no teníamos videojuegos ni celulares, ni moda ni apariencias que sostener. Y sobre todo, en aquel campito nos sentíamos todos iguales. El fútbol uniformaba a todos, sin distinción entre ricos y pobres, inteligentes e ignorantes. Solo el mérito y el demérito formaban un escalafón, a veces permanente y otras veces cambiante. Y aquel era un juicio que ninguno apelaba.

El partido en cuestión terminó 4 a 4. El último gol nuestro vino por una jugada bastante complicada. Perdieron una pelota cerca de su propia área y nosotros nos abalanzamos en masa. Hubo varios rebotes y al final alcancé el balón cerca de un lateral, esquivé a un defensor y puse un centro que cabeceó el "Flaco" Luis, un mediocampista que raramente convertía. La metió en un ángulo bajo. Pero esa vez, como repitió por largo tiempo, él se encontraba en el lugar justo en el momento justo. No tuvo en cuenta si yo había echado el centro con buena mira o a propósito para que él cabeceara. Para él, los acontecimientos de un partido eran ajustados por la fatalidad o por la fortuna.

Era desalentador hablar con Luis de un partido ganado. Generalmente tenía respuestas que explicaban la buena o la mala suerte para cada jugada y para todas las situaciones, de modo que era casi imposible resaltar los méritos que nos habían hecho ganar un encuentro. Claro que ninguno de nosotros, después de los años pasados jugando juntos, preguntaba todavía qué cosa pensaba Luis. Si decía algo, todos miraban para otro lado y cambiaban de tema o de interlocutor. Y él se cerraba en su silencio.

Esa fue la última vez que jugué con mis compañeros de escuela. Después nunca más los vería jugar, y los encuentros personales fueron raros y con poquísimos de ellos. Aquel partido había sido, sin pensarlo, una segunda despedida. El cierre de un tiempo, de una época de crecimiento y de evolución, futbolera y romántica. Con aquellos compañeros de escuela había crecido por fuera y por dentro. Había plantado un cantero de emociones, respeto y afecto profundo, donde habrían de germinar sentimientos durante toda la vida.

10 – Compañero y Morón

I

La llegada del otoño y el fin del verano eran un periodo particular. Se acababan las vacaciones antes de empezar las clases y se comenzaba a pensar en prepararse para el gran trabajo. Pero el cambio de estación era lento, perezoso. Al principio, se anunciaba por una cuestión de fechas; luego, además del cambio de los colores en las plazas, los jardines y la gente, los días se acortaban y ya no hacía tanto calor durante la noche y al amanecer. No se achicaban solo las horas de encontrarse a jugar, también cambiaban los horarios, el físico rendía en modo diverso y con eso el resultado del juego en general.

En el barrio había un chico que no venía a jugar nunca, un rubiecito alto al que de vez en cuando veíamos al costado de la cancha mirando cómo jugábamos. Yo lo conocía de nombre, pues tenía el mismo que su padre, que era médico y tenía la placa de bronce puesta en el frente de su casa: "Dr. Alejandro Di Matteo". Como yo había sufrido de mal de bronquios algunos años antes, mi madre solía llevarme a hacerme algunos controles a lo de este médico. Ahí, en la salita de espera, estaba siempre su hijo, con el que cruzábamos algunas palabras y hablábamos de la escuela, pues íbamos al mismo grado pero en escuelas diferentes.

Me llamaba la atención que aunque lo invitáramos, él nunca quisiera jugar. Generalmente argumentaba que no había llevado las cosas necesarias para hacerlo. Era poco creíble para nosotros, ya que salir al campito cuando otros jugaban lo único esencial era llevar las zapatillas, lo demás no importaba.

Una de esas veces que Alejandro, el hijo del doctor, vino a mirar un "picadito" (partidito entre nosotros con repartición de jugadores por sorteo y elección), tiré la pelota hacia donde estaba él para ver qué hacía. Acto seguido, la *durmió* con un pie, y con el otro hizo un toque al centro para devolverla con un movimiento de cuerpo como de aquellos que sabían. En esos dos toques había calidad y destreza. Aunque no estaba jugando con nosotros, yo le hice un pase pero él no respondió. No insistí más y seguí jugando mi partido.

Un jueves a la tarde teníamos entrenamiento y vimos llegar al rubiecito con todo un equipo de ropa, además de botines con tapones. Nadie los usaba para jugar entre nosotros, y además el campito no tenía césped, así que no eran necesarios. Ese día éramos poquísimos los chicos del equipo, y algunos, al no ver movimiento, decidieron irse, así que me quedé solo con el invitado en traje de competición. Nos pusimos a pelotear de a dos. Hicimos una *restada* y después jueguito con los pies, muslos, cabeza, hombros... Al practicar tiros al arco, nos alternamos para atajar y constatamos que ninguno de los dos tenía talento para eso.

Más tarde llegaron unos chicos que no eran del barrio. Eran cinco y tenían una pelota. Como no había más personas que Alejandro y yo, los recién llegados usaron la otra mitad el campo. En la mitad restante quedamos nosotros dos. De vez en cuando las pelotas se cruzaban y creaban una amalgama entre los dos grupos, que duraba dos segundos, después desaparecía.

En ese punto llegó Riky "El pequeño", que era nuestro arquero suplente pero jugaba también de defensor. Era menudo pero de buena fibra muscular, un buen marcador de punta, confiable y veloz, de esos que juegan con los ojos bien abiertos y anticipan los sucesos. Daba siempre seguridad, sensación de estilo y oficio.

Se juntó con nosotros y se puso en el arco. No pasaron cinco minutos hasta que vimos llegar la pelota de los forasteros. Alejandro corrió a su encuentro, la paró bajo un pie, la subió de un solo toque y se la puso bajo el brazo.

–¿Se juegan un desafío? Ustedes cinco contra nosotros tres.

Los chicos del otro campo se miraron entre sí y se rieron un poco, les habrá parecido demasiado fácil.

–No, loco, ustedes tienen robo –gritó uno, y los otros largaron la carcajada.

No me parecían geniales, pero tampoco malos. Discutieron un poco entre ellos y después se dispusieron en el mediocampo, aceptando el desafío.

Se veía que se conocían bien, ya que en pocos segundos se organizaron para cubrir la cancha. Tomaron la pelota, la pusieron en el centro del círculo central y se dispusieron a sacar. Fuera del círculo, Alejandro y yo nos mirábamos, por momentos alzábamos las cejas como haciendo una señal de truco. Ya sentía yo la adrenalina en el cuerpo por lo que estaba por suceder. Allá atrás y a lo lejos, "El pequeño" parecía más pequeño por la distancia, perdido entre los postes de la valla.

Apenas sacaron, mi compañero y yo retrocedimos para seguir la jugada y defender repartiéndonos la cancha, pero eran el doble que nosotros y nos estaban haciendo comer un "loco" bárbaro, hasta que uno de ellos paró la pelota y me quiso marear. Yo me puse de frente a él pero con el cuerpo oblicuo listo para la carrera. Sin salirle al encuentro, lo cerré contra la línea lateral y lo esperé como me había enseñado el "Rojo". Él hacía amagues y enganches que no lo llevaban a ningún lado, pues yo no me los comía. Su única posibilidad era pasarla a alguno de sus compañeros, pero ninguno de ellos se acercó o desmarcó, así que no me pudieron superar. Confiado, mandó la pelota al grupo de sus compañeros, sin precisión ni convencimiento. Entonces, con una zancada felina, Alejandro los anticipó y se quedó con la pelota. Yo corrí hacia el centro y mi compañero, en plena carrera, me la tocó de taco hacia atrás y siguió corriendo hacia el arco contrario. Los defensores no se decidían sobre a quién seguir. Cuando me llegó la pelota, le puse de primera un pase por encima de los defensores que no entendían lo que sucedía. Alejandro, sin frenarse ni pararla, la tocó en el aire, con un movimiento plástico digno de una foto de *El Gráfico*. De *emboquillada* al segundo palo, en el momento que el arquero se la jugaba y le salía al encuentro. ¡Un golazo!

A partir de ese momento tuve la percepción de haber encontrado a mi pareja ideal de juego. No habíamos jugado nunca juntos y parecía que lo hubiéramos hecho siempre, de toda la vida. En adelante todos los pases fueron siempre perfectos. Él y yo sabíamos dónde hacer que se encontraran el balón y el jugador. Durante ese encuentro hicimos diecinueve goles y ellos solo dos. ¡No la vieron! No la encontraban... Cada vez que tenían la pelota, nosotros cubríamos seguros de poder recuperarla y ellos, sistemáticamente, de un modo u otro se ponían en situación de perderla.

Con el pasar de los minutos y nuestros goles, los visitantes perdieron la motivación y la serenidad. Para nosotros, en cambio, era un descubrimiento. En cada jugada queríamos explorar más nuestro entendimiento y armar nuevas estrategias, hacer toques y pases a lo ancho y a lo largo, probar nuestra velocidad y habilidades. No sentíamos el cansancio, al contrario. No perdíamos la tensión y la concentración en esta nueva experiencia.

Cuando quisimos probar hacer goles con la cabeza, nos bastó solo un gesto para decidirlo. Era una coordinación telepática. En un momento se trasformó en un entrenamiento, un juego de memoria, en el que experimentábamos toques de lujo e inesperados movimientos de estrategia. Un arsenal de toques, armas de exterminio masivo.

Después de algo menos de una hora de baile, los rivales perdieron totalmente la moral, y al enésimo gol se juntaron en silencio detrás de su propio arco. Tomaron todas sus cosas, uno de ellos se puso la pelota bajo el brazo y se fueron sin decir nada, ni entre ellos ni a nosotros.

Con Alejandro nos quedamos en el medio del campo, aún llenos de adrenalina y ganas de jugar. Nos miramos como dos gatos a los que se les escapó el ratón. Me di la vuelta y nuestro arquero saltaba en medio de la valla; después se puso a correr alrededor de la canchita como si hubiera ganado un campeonato. Entonces le pregunté:

–¿Qué hacés?

–Doy la vuelta olímpica. ¡Los masacramos! ¡Y eran muchos más que nosotros!

–¡Qué potencia! –dije.

Alejandro, con una sonrisa de satisfacción, acotó:

–Con vos me entiendo a la perfección, no te la comés, jugás como yo, al toque y siempre avanzando.

Para mí él era un fenómeno, no solo en lo que respecta a su juego. Era versátil y elástico, con sus piernas largas llegaba siempre a todas las pelotas y con su zancada cubría muchísimo campo. Sabía defender y atacar, era veloz e inteligente, y no obstante su estatura, tenía movimientos plásticos y elegantes. Un perfecto mediocampista con aptitudes de defensor y olfato de atacante. Durante muchos años pensé que él era el mejor y más completo jugador con el que yo había jugado. Me había bastado menos de una hora de juego para saberlo.

Al salir del Maracaná a la calle, Alejandro me dijo:

–Tendrías que irte a probar a Morón, me dijeron que están probando chicos.

Se me abrieron grandes los ojos, pero seguía mirando al piso. Le dije:

–¿Por qué no vamos juntos? Si hacemos algo parecido a lo de hoy, seguro que quedamos los dos.

–Sí, me gustaría –respondió–, pero no creo que mi viejo me dé permiso. Le voy a preguntar.

II

Quedamos en ir juntos un día de semana. Sabíamos que las pruebas se hacían después del mediodía, así que ese día comí livianito y temprano preparé mis cosas.

Tenía un poco de vergüenza porque mis botines no eran ni lindos ni "regulares". Los había construido yo mismo con un par de botines de boxeo, viejos y gastados, que un vecino de casa me había regalado porque no los usaba más. Eran enormes y no tenían nada que ver con la forma de los botines de fútbol. Les corté la bota alta, doblé el borde de la caña y los cosí a mano. Compré plantillas de plástico con tapones a su medida y cosí todo a mano con un hilo grueso de cáñamo encerado y resistente. Con el mango de un pincel viejo y un clavo afilado en el pavimento de mi calle, construí un punzón con el que hice los agujeros por donde habría de pasar el hilo con una aguja para coser colchones. Sudé mucho cuando hice este trabajo, pero no era solo por el esfuerzo, sino también por la angustia de no equivocarme y que saliera todo bien.

La técnica la había aprendido mirando trabajar al viejo Carmelo, el zapatero de la esquina de mi casa, al que visitaba regularmente, tanto para reparar los zapatos míos o de mis hermanos como para coser la pelota que me había comprado, ya que gracias al asfalto de tanto en tanto se le cortaban los hilos. Al viejo Carmelo le gustaba contar los tiempos de la guerra en su vieja Toscana. A mí me daba gusto escucharlo, de modo que mientras me hacía el trabajo y narraba las hazañas de su juventud, yo veía todos sus movimientos y me los grababa para aprenderlos.

Por aquel tiempo, tener una pelota de cuero no era fácil y cuidarla tampoco, había muchos modos de quedarse sin ella. Era fácil ser presa de un robo. Al jugar, podía terminar en la calle, víctima de algún auto o camión que le pasase por encima; muchos conductores no solo no tenían cuidado en estas situaciones, más bien disfrutaban y les parecía divertido reventarte la pelota.

El día de la prueba en las inferiores de Morón, salí a la calle persignándome, yo, que había perdido el gusto por los sacramentos católicos. Cuando me dirigía a la parada del colectivo, pasé por la casa de Alejandro y toqué el timbre. Por la ventana apareció su padre y me dijo:

–Jorgito (era su segundo nombre) no sale ni va a ninguna parte a que le rompan las piernas.

No atiné a responder nada, me quedé frío, como abandonado, con una angustia feroz que me comía por dentro el estómago. Había estado soñando, fantaseando cuántos goles y jugadas de película podríamos hacer juntos. Pensé también en lo afortunado que era yo, por no tener un padre presente que decidiera por mí ciertas cosas concernientes a mis decisiones personales. Al decirle a mi madre que quería ir a probarme a Morón, ella sólo me había preguntado si iba con alguien más y me había dado su bendición para que me fuera todo bien, alentándome para que llevara a cabo mi iniciativa.

Me quedé mirando la persiana de la ventana ya cerrada, por donde me había atendido el Dr. Di Matteo. Estaba atónito, triste, con mil pensamientos pero ninguna reacción. Entonces, en el caluroso mediodía, vi aproximarse el colectivo que doblaba en Pueyrredón y Emilio Castro. Crucé la calle y lo paré.

El viaje fue placentero y veloz, sin muchas paradas porque a esa hora había pocos pasajeros; me acordé de lo que tenía que hacer sólo cuando llegué a la estación terminal y los pocos que quedaban bajaron del autobús.

Una vez sobre la calzada, me puse a caminar en dirección al estadio. No sentía ninguna emoción. Caminaba por la avenida Rivadavia como si fuera una cosa de todos los días. No sabía cómo funcionaban las pruebas, no sabía con qué me iba a encontrar. No sabía nada.

En el fondo de la avenida ya entreveía el estadio, y a medida que me acercaba crecía en mí un poco de angustia y temor. Todo me parecía muy grande, sobre todo mi soledad. Yo contaba con la presencia de mi compañero, pero dentro de la cancha, donde éramos iguales; en la vida real ya no lo éramos más. Teníamos dos proyectos de vida diferentes. En el suyo, influían sus padres y decidían el curso de su tiempo y objetivos por alcanzar. En el mío, no sé. Tal vez yo era como una ramita a la deriva en un arroyo. Probaba por aquí y por allá, descubría mis límites y mis posibilidades, mis oportunidades (las que tenía a mi alcance). Me gustaba esa sensación de libertad, de descubrimiento, sin pensar en el futuro. Mi pequeño explorador volaba loco de sueños y cantaba himnos de emancipación sin diseñar un camino. Nunca me hizo falta, aunque muchas veces mis mayores me hicieron una culpa por eso. Me tomó años asumir ese rasgo de mi carácter, pero al final encontré paz al aceptarlo.

III

Ahora me invadía la inseguridad; me sugería volver atrás, olvidarme del proyecto y de todas las ilusiones que me había hecho desde la sugerencia de Alejandro. Veinte pasos antes de la entrada, me paré y pensé: "Imaginate si te van a dejar entrar en la cancha…". "¡Esta bien!", me respondí, "pero a lo mejor me puedo sentar en la tribuna y ver cómo se prueban los demás".

Retomé el paso y atravesé el portón, que estaba entreabierto y sin custodia. En seguida, por debajo de los tablones de la tribuna sur, vi el campo de juego con algunas personas mayores pero ningún chico. A mi izquierda había un quiosco con una señora que atendía. Ahí vi a dos adolescentes y me acerqué para preguntar:

—¿Están probando para las divisiones inferiores?
Los chicos me miraron y me dijeron:
—Sí, pero de diez años en adelante.
—Yo tengo doce —dije.
—No parece... —y se rieron—. ¡Nosotros también!
La señora, que había escuchado todo, me dijo:
—No les hagas caso, querido, ya los llamaron y están todos cambiándose bajo la tribuna, ¿ves? —y me señaló con la mano el lugar donde estaban todos los postulantes—. Andá, acercate y preguntá por Zurita.
Serían veinticinco o treinta los chicos. Me acerqué sintiendo mi corazón agitarse. Las palabras de aquella señora que hacían ver todo simple habían funcionado como una llave, un abracadabra que me daba coraje y me estimulaba a integrarme a ese movimiento del club que pocos minutos antes me había aterrorizado. Me invadió una alegría que luego explotó en una sonrisa que sentí más grande que mi propia cara. Estaban todos diseminados sin orden ni espacios determinados; había bancos largos de madera de color azul claro donde todos apoyaban los bolsos y la ropa para cambiarse. Individué a un señor que estaba entre unos chicos ya cambiados y me acerqué. Estaba por preguntarle algo, cuando él giró hacia mí y me preguntó:
—¿Cuántos años tenés?
—Doce —le dije.
Hizo una mueca como de quien no se convence y añadió:
—Cambiate.
—¿Dónde?
—Donde quieras.
Miré alrededor. Mis compañeros eran decididamente más grandes que yo. Me puse en un rincón cerca del grupo y comencé a sacar mis cosas del bolsito marinero de cuerina blanca y marrón, que poco tiempo atrás me había regalado mi hermana mayor porque ya no lo usaba más. Tener hermanos

mayores es como poseer el acceso a un almacén lleno de cosas que en el futuro pueden servirte, así lo vivía yo.

Mientras me cambiaba, noté que ese señor me observaba de tanto en tanto, sobre todo cuando me puse los botines, extraños y grandes para mi talla. Cuando estaba listo, se acercó y observó mi calzado con atención. Me preguntó:

—¿De dónde los sacaste? ¿Podés jugar con esos?

—Me los hice yo —respondí. Y en seguida agregué—: Sí, puedo jugar bastante bien. Ya estoy acostumbrado, cuando me crezcan los pies serán perfectos.

En ese momento varios chicos prestaron atención a mi equipo y me miraron con extrañeza. Yo miré para otro lado mientras acomodaba mis cosas. Acto seguido, llegó otro adulto y gritó:

—Zurita, ¿están todos listos?

Y Zurita, que era el hombre que tenía frente a mí, gritó:

—¡Vamos!¡Todos a la cancha!

Pasamos por debajo de la tribuna principal y salimos por la boca de un túnel a la cancha. Ya había un equipo completo: eran los chicos de la séptima, de doce o trece años, que ya jugaban en el club. De un bolso, Zurita sacó unas camisetas viejas y descoloridas, con números del 1 al 11, y comenzó a distribuirlas mientras preguntaba quiénes preferirían una u otra. Primero los arqueros: había solo uno; después los defensores, luego los mediocampistas y al final los atacantes. Algunos de los chicos se proponían en todas las posiciones; les iba bien cualquier número, o sea, cualquier posición en el campo. Bastaba jugar.

Lógicamente se hicieron de las primeras diez camisetas los menos tímidos y los más grandes. Yo había pensado en proponerme con la 11, ya que sabía manejar la zurda y los punteros menudos estaban de moda; pero justo cuando el entrenador llegó a ese número, salió no sé de dónde uno más chiquito que yo y dijo:

—Zurita, esa es mía.
El hombre lo miró, parecía conocerlo, y le alcanzó la casaca. Salieron los primeros once al campo y comenzaron a jugar.

Parecía que todos sabían cómo funcionaba menos yo, así que me acerqué a un grupito que había quedado afuera y jugaba con un balón al costado de un arco. Me inserté en el grupo y comencé a hacer preguntas: cuánto duraba, cómo funcionaba... No obtuve respuestas, sino encogimiento de hombros, así que me dediqué a tocar y a calentar los músculos, por si acaso tuviera la oportunidad de entrar al campo.

Pasados unos diez minutos, Zurita, que estaba dirigiendo el partidito, hizo salir a dos y pidió a otros dos postulantes que se pusieran la camiseta de los exonerados, pero remarcó:

—Los que entran tienen que saber jugar en esos puestos, sino van afuera.

Vi que eran defensores, así que no me propuse. La mayoría de los postulantes no entendía bien las reglas de la prueba y seguía proponiéndose en masa. Yo me quedé atrás, haciendo jueguito con la pelota, y Zurita me echó una ojeada. Entonces, después de disponer a los jugadores en el campo, me preguntó:

—Vos, pibe, ¿de qué jugás?

—De 10 —respondí, ya que el 11 me parecía inamovible y un poco acomodado.

Zurita se dio la vuelta y siguió dirigiendo.

Tras cinco minutos, salieron otros tres, que cambió por nuevos. Yo me había puesto a correr de banderín a banderín en el fondo de la cancha. Me estaba reacomodando el algodón de las puntas de los botines, que servían de relleno porque eran tres números más grandes que mi talla, cuando lo sentí gritar:

—Che, 10, salí de la cancha y pasale la camiseta a ese chiquito de verde allá en el fondo—señalando hacia mí.

Pegué un salto porque no me lo esperaba. Sí, se refería a mí. El pibe al que yo debía sustituir vino y me dio la camiseta número 10. Me había percatado de que la prueba no duraba mucho, así que tenía que aprovechar bien el tiempo. Había observado también que todos los chicos a prueba trataban de hacerse ver y hacían jugadas individuales que terminaban siempre con la pelota en los pies del equipo contrario, que no se esmeraba en hacer goles (de otra manera habrían llenado la canasta) sino en hacer jugar a los postulantes.

Cuando entré en el campo, Zurita me preguntó si era zurdo o derecho.

–Puedo con las dos –le dije.

Y me dio una ubicación cerca del centro, más bien hacia el arco de los locales. Comencé a moverme, pero ninguna pelota pasaba por allí. Cuando percibí el movimiento que hacía el equipo que tenía la pelota (que no era el mío), bajé a mi terreno a buscarla y así la pude tocar. A un delantero que la llevaba delante de mí se le quedó atrás y se la pude robar. Me di vuelta, levanté la cabeza y sobre la línea vi al chiquito que me había "robado" la número 11. Se la toqué de primera y lo acompañé por el medio. Ya había notado que era veloz. Me la devolvió después de saltar a un mediano y cuando le salía un defensor, pero la pelota fue desviada y me llegó más atrás. Tuve que cambiar de dirección y vi que mi puntero seguía corriendo, así que con la parte externa del pie derecho le puse una cortada que fue a su encuentro. Esto me exaltó y seguí la jugada.

El 11 sacó el centro buscando a nuestro atacante central, uno que se hacía llamar "Yarará", pero fue pelota de los defensores. Yo me adentré en el área, frente a la pelota. Después de un rebote, me quedó al alcance. Quería reventar el arco pero preferí pegarle de chanfle al segundo palo. La pelota pegó en el travesaño y el rebote lo cabeceó el número 9. ¡Adentro!

Era nuestro primer gol. El "Yarará", después de gritarlo, me buscó para felicitarme, mientras sentía la voz de Zurita que decía:

–¡Bien, chiquito! ¡Muy bien!

Giré y encontré la mirada del entrenador que aprobaba. Mis compañeros me miraban con extrañeza. Era chiquito, mal calzado y sin embargo había merecido los elogios del entrenador en apenas cinco o seis minutos de juego.

Comencé a correr más y a tocar de primera con otros chicos, en otras zonas de la cancha. No podía marear ni tener la pelota más de dos o tres segundos. Los contrarios estaban bien entrenados; eran más rápidos, grandes y fuertes que yo, y lógicamente no les caía bien que uno de afuera se llevara elogios. En una de esas, le puse una pelota larga a un delantero y en el acto se me voló el botín. Todos se reían. Yo me moría de la vergüenza. Zurita paró el juego, se me acercó y pensé que me sacaría. Con el ceño fruncido y la voz agitada, me dijo:

–Nene, ¿cuánto calzás?

–¿Yo?... 37.

Le gritó a otro tipo fuera del campo:

–Rolo, conseguí un 37 y dáselos al pibe, –y después me dijo–: andá a cambiarte los botines y entrá de nuevo.

Salí después de recoger el botín volador y, mientras caminaba, veía a algunos de mis compañeros con mirada de quien dice: "Ahí va el elegido, al que lo tocó la suerte...". Apuré el paso y encontré al hombre que tenía un par de botines marrones lindísimos. Me los puse y los sentí como guantes. Me los ajusté bien y probé zapateando en el piso. Era una nueva sensación.

Entré en la cancha y fui a ocupar mi puesto. Corrí, toqué, salté, pasé y empalmé. Probé varias cosas. Me convertí en el centro de un grupo que había entendido que, si jugaba al toque, podía tener una oportunidad. Yo devolvía los pases, ni la escondía ni me la comía; corría a defender y todo se hacía más liviano para todos. También nuestro 9 bajó a buscar la pelota, porque cuando la pedía y esperaba cerca del arco adversario, estaba solo. Para llegar hasta él los pases eran largos y los defensores lo anticipaban. Cuando yo lo tenía más cerca, hacíamos paredes y abríamos pases a los punteros.

En una de esas, recibí una pelota alta en la medialuna del área. Me tiré en el aire haciendo una tijera. La pelota rebotó en el piso y se metió en el ángulo. Yo no vi el gol porque rodé por el piso, entre las piernas de los defensores, pero sentí el grito de mis compañeros y las felicitaciones. Después, un gol de tiro libre. Al final, un penal, que convertí dos veces: el primero, que había tirado bajo a la derecha, fue anulado por el adelantamiento del arquero, aunque igual había entrado. El segundo lo tiré alto a su izquierda. Aquel arco era demasiado grande como para errar. Convertí los dos y Zurita hablaba más conmigo.

No pensaba en las cosas que no podía hacer, como saltar a cabecear los centros. Si metía el cuerpo para dividir un balón, terminaba rodando por el piso. La diferencia física con mis compañeros era enorme. En una carrera sostenida con un defensor no habría tenido la menor oportunidad de conservar la pelota. Tal vez por eso me estaba especializando en tocarla de primera, dar pases casi perfectos y desmarcarme para recibir. Era ágil y veloz pero también frágil. Todo esto lo entendí mejor cuando, con el tiempo y los entrenamientos, Zurita me explicó en qué debía trabajar.

Así, con este sistema de recambios alternados, todos los postulantes pasamos por la cancha. Algunos rindieron poco, otros lo hicieron regular y otros mucho. Cuando sonó el silbato para mandarnos a todos afuera, me sorprendió pensar que había jugado casi todo el tiempo de la prueba; tanto, que ya conocía y hablaba con algunos del equipo estable.

Algunos me miraban con actitud de desafío y otros con gesto amigable. No todos eran fenómenos, pero estaban bien preparados. Uno se me acercó y, casi al oído y con tono amenazador, me dijo:

—Si quedás, tenés que venir a todos los entrenamientos y ahí vamos a ver si aguantás.

No lo había pensado, pero no me pareció un problema, al contrario, pensé que podría jugar varias veces en la semana.

Al salir de la cancha, Zurita llamó:

—5, 10 y 11, vuelvan el martes a las 9.30.
El arquero y el 9 se acercaron para pedirle explicaciones, pero él los interrumpió:
—Hay otra prueba en junio. Vuelvan si quieren, por ahora es todo.
Me sentía muy cansado como para festejar, pero estaba muy contento, como si un milagro se hubiese verificado, como si algo me dijera por dentro: "¡Dios existe!".
Mientras me cambiaba, notaba los accesorios que tenían los otros postulantes y los comparaba con mi propia pobreza. "El hábito no hace al monje", pensé. El tipo que me había dado los botines se me acercó y ahí recordé que no eran míos, los tenía que restituir. Me preguntó:
—¿Cómo te anduvieron?
—¡Fenomenales! —respondí.
Y me alargó la mano para que se los diera.
—Si volvés, los vas a poder usar de nuevo —me dijo Zurita—, pero después te tenés que comprar unos nuevos. Por ahora está bien así.
Terminé de cambiarme y vi que todos se iban a los vestuarios para ducharse. Yo no había llevado toalla ni jabón ni nada. Esta fue otra de mis rarezas, que me puso un poco incómodo cuando el utilero me preguntó:
—¿No te hacés una ducha, nene?
—Me la hago en casa —respondí.
Por una fisura de la puerta, vi que todos se desnudaban y me di cuenta de que era mejor así, no haber llevado nada y tener una excusa. El solo pensar en desnudarme delante de los demás me daba vergüenza.
Me levanté y fui caminando hacia el quiosco del ingreso; venía de allí un perfumito que me gustaba mucho y se me había abierto el apetito. Encontré un tumulto de chicos que querían lo mismo que yo: una porción de budín de pan. No sabía si el budín iba a alcanzar hasta que llegara mi turno. To-

dos alargaban cinco pesos y recibían una porción, así que me hice espacio y los imité. Tenía cada vez más hambre, entonces la señora que servía me miró y me dio la porción mientras yo le pagaba antes que los demás.

—No, vos quedaste anotado, para vos es gratis.

Todo tuvo más sabor, y mientras me apartaba del tumulto pensaba: "Sí. ¡Hay Dios!". Me quedé pensando cómo habría hecho la señora para saber que yo había quedado anotado, y además de eso reconocerme. Mientras mordía mi postre, noté a los otros dos chicos que habían sido elegidos y me acerqué a ellos. Entonces les pregunté si habían recibido también el premio. Julio, el número11, me miró mientras masticaba. Apenas tuvo lugar en la boca para hacer salir las palabras:

—Lo hace siempre, yo ya vine a probarme el año pasado y fue igual.

—¿Qué pasó el año pasado? ¿No quedaste? —preguntó el 5.

—Sí, pero después me enfermé y no pude venir más.

—Así que es la segunda vez que comés gratis —le dije.

—Sí.

—¿Cómo hizo la señora para saber quién queda y darnos la porción gratis?

—Esta señora no se pierde ninguna prueba —dijo el 11—; mientras nosotros jugábamos ella miró todo. Sabe mucho de fútbol y de jugadores, generalmente adivina. Si no Zurita le bate el santo. Mi viejo es socio —dijo refiriéndose al club— y venimos seguido. De fútbol, jugadores y formaciones sabe un montón.

Poco después, encontré de nuevo a Zurita:

—Me tenés que dar tus datos y dirección —me dijo—. El martes tenés que venir con uno de tus padres. Todavía no te hacemos la inscripción, pero al menos queremos saber si tus padres están de acuerdo. Hay muchos chicos que vienen a probarse sin que sus padres sepan nada ni les hayan dado el permiso. Además, te tiene que ver el médico, y a lo mejor hacerte algún examen. Nada complicado, por seguridad, ¿sabés?

Así fue como me llevó a una oficina y escribió todos mis datos. En ese momento me di cuenta de que no había recuperado mis viejos botines y no sabía a dónde habían ido a parar. Una vez terminado el coloquio con Zurita, volví al campo para buscarlos. Me sentí reconfortado al encontrarlos cerca de uno de los postes del arco. Estaban allí y me pareció que me miraban con tristeza. Me sentí culpable porque, aun habiéndolos construido con amor, ahora había probado el "fruto prohibido" de lo nuevo. Sentí como si hubiera cometido un pecado de falta de humildad y de infidelidad. No sabía en ese momento que era un complejo de culpa no permitirme a mí mismo mejorar en cosas materiales.

Los agarré, los anudé por los cordones y me los colgué al cuello. Ya no tenía vergüenza de ellos, los sentía como una parte de mí. Pensé en todo lo que había aprendido y a dónde había llegado, y esos botines eran parte de todo eso. Como mi pantaloncito blanco, estrecho de tantos lavados, y la camiseta verde con un diez recortado de un viejo hule blanco y cosido con mis propias manos.

Volví al ingreso para salir del estadio e irme a casa. Decidí caminar, tenía media hora a paso sostenido para seguir soñando todos los goles y jugadas que habría de hacer algún día en aquel estadio. Otro templo, uno de los tantos de esa religión popular que profesan todos o casi todos los argentinos.

IV

En los entrenamientos, el fútbol parecía pertenecer a los fuertes, ya que ellos parecían ser los protagonistas indiscutidos: corrían más y eran como incansables en los ejercicios, saltaban e iban al choque, ganaban casi siempre la pelota y los defensores fuertes "reventaban" la redonda a las tribunas para demostrar su fuerza y determinación: a cual más toro.

En algunos momentos se me cruzaron grandes dudas de que yo pudiera hacerme un espacio para jugar entre esos gladiadores. Zurita, en los entrenamientos, nunca me pedía que hiciera lo mismo que los demás. Al contrario, me alentaba a estar lejos de los choques y encontronazos. Tenía la sensación de ser sobreprotegido por mi técnico, sin percatarme de que él me estaba protegiendo y educando según sus planes para mi futuro, pues él trabajaba con el devenir de los jóvenes.

Con el paso de los días y las semanas, los entrenamientos se volvieron más intensos. No eran tan divertidos como los picaditos del Maracaná. Allí en el club era todo más serio y estructurado; aun los picaditos eran menos divertidos porque se interrumpían por muchas razones: el técnico decidía cambiar módulos, formaciones o jugadores de equipo; probaba jugadas o repetía algo que había visto que hacíamos; o incluso notaba que nos estábamos divirtiendo demasiado y al hacerlo no seguíamos más sus directivas en el campo de juego.

Mi hermano mayor iba a verme seguido. Se paraba en una equina del campo y observaba todos mis movimientos. Me esperaba a la salida y en el viaje de regreso a casa me daba una marea de consejos sobre cosas que había visto, movimientos que podía yo probar y hacer. Ante todo me contaba jugadas sobre las que había leído en los diarios deportivos, o la que había escuchado en la radio o de las voces de viejos hombres de fútbol del barrio, que contaban las hazañas de viejas glorias del pasado y llenaban de asombro no solo a quienes escuchaban las historias, sino también a los que las recibían de segunda y tercera mano. Mi hermano transformaba en imágenes los relatos, las informaciones oídas o leídas; y yo, sistemáticamente, probaba sus consejos en las prácticas siguientes.

Estaba descubriendo y desarrollando una plasticidad y una infinidad de habilidades en mi propio cuerpo, que me daban seguridad y sobre todo mucha felicidad cuando jugaba, a pesar de sentirme en desventaja física en comparación con mis compañeros. Se agudizaba mi astucia y, más que la velocidad, descubría el toque a tiempo, *tempestivo*, como decía don Pietro, un viejo italiano que se deleitaba viendo las prácticas después de "curar" campo y plantas del lugar de entrenamiento.

Se acercaba un periodo de partidos amistosos antes de iniciar el campeonato. Yo no veía un puesto para mí en ese equipo y me refugiaba jugando en mi Maracaná, pues era titular en el equipo de mi barrio y notaba que los entrenamientos hechos en el club mejoraban aun más mi rendimiento con mis amigos del barrio.

Ahora ya todos sabían que era parte de las inferiores del Deportivo Morón. Las personas mayores se congratulaban por mí, como si hubiera tenido una carrera futbolística ya comprobada y exitosa, cosa que me agradaba por una parte y por otra me daba una responsabilidad frente a un futuro inmediato. Después, durante el campeonato, tendría que responder a aquellas expectativas y más de uno había prometido ir a verme. Las señoras me recomendaban no descuidar los estudios; mis amigos coetáneos me miraban ya como a una estrella.

Los únicos que me trataban normalmente, sin ningún cambio ni privilegio, eran Alejandro y el "Rojo". Jugaba con ellos de vez en cuando, pero en el periodo de clases escolares ya rareaban los encuentros, picaditos y partidos. Nos veíamos menos seguido y cada vez que nos encontrábamos yo notaba un cambio físico en ellos. Me miraba en el espejo y veía siempre la imagen del párvulo al que el primer día de clases de secundaria unas chicas, que estaban paradas en la entrada del establecimiento, le habían dicho con aire burlón: "Mirá que la primaria es en el turno mañana, ¿eh?".

11 – Tomar conciencia

I

Era el inicio del año '68 y había muchos cambios en el exterior de mi vida, que poco a poco iban impregnando mi interior hasta instalarse allí. Cambios en todo aspecto: la música, la moda, la sociedad y la política. La escuela me daba cada día nuevos conocimientos y conceptos, me hacía descubrir un mundo nuevo y al mismo tiempo viejo, antiguo, arcaico y desaparecido. De todas las asignaturas, me apasionaban Historia, Geografía y Educación Democrática, además de Educación Física. Estas materias, que me mostraban el mundo tal cual era, no eran abstractas. Ríos y batallas, montes, continentes y conquistas tenían una gran carga de imágenes y romanticismo, que despertaban en mí una nueva facultad que no recordaba poseer: viajar con la mente, soñar...

Mientras la escuela primaria me había enseñado todo un poco *al agua de rosas*, en un ambiente familiar e infantil, donde considerábamos a la maestra como una segunda madre, el colegio secundario me hacía crecer de golpe y con apuro. Allí sentía la responsabilidad sobre mis propios actos. Los profesores, uno diferente por materia, tenían una actitud completamente distante, lejos del afecto y las emociones. No se los podía conquistar sino con el estudio y la aplicación a sus materias. Tal vez podíamos culparlos de indolencia e indiferencia, pero así era el paso a la madurez, y ellos cumplían con su parte, con su labor: nos devoraban el infante que traíamos dentro desde la primaria, nos aceleraban el cambio de piel.

Fantaseaba con conocer algún día todos esos lugares por donde había pasado el hombre haciendo el camino de la historia, descubriendo, aprendiendo y dejando tras de sí las huellas y los trazos de su propio desarrollo. Me veía caminando por senderos polvorientos en Medio Oriente, navegando en el mar Egeo y girando en torno a las pirámides en Egipto. Con la imaginación, entraba en los museos del Viejo Continente, merodeaba por antiguos castillos en donde se había decidido la suerte y el futuro del mundo, donde hombres y mujeres de gran talla habían escrito la historia con hierro, sangre y fuego, pero también con inteligencia y sabiduría, lo que hoy conocemos como cultura occidental.

Se comenzaban a usar pantalones de pierna ancha y camisas de colores psicodélicos. Parecía que uno podía ponerse todo lo que le viniera en gana y usar el pelo largo. Esto en realidad había empezado pocos años antes, pero yo lo había visto sólo en revistas, tapas de discos y en TV. Ahora todo aquello llegaba directamente a mí y estaba entre la gente. Comenzaba a respirar un aire nuevo, con aroma a libertad individual y colectiva. Una nueva filosofía había llegado al pueblo y todo el mundo podía hacer uso completo de ella. Pese a que en Argentina había un gobierno militar, producto de un golpe de Estado, no teníamos toque de queda ni era visible tanta rigidez en las cosas cotidianas, más allá de que en los colegios nos obligaran a tener el pelo corto y observar una cantidad de reglas que parecían más militares que civiles. La represión era una cosa admisible, todavía a ojos de muchos.

Por un lapso más bien breve, yo sólo observaba y escuchaba a mis mayores sin poder tomar una posición política; me hallaba sumido en la indecisión. Con el pasar de los meses y atando cabos sobre todo lo visto, oído y sentido en carne propia, empecé a hacerme un concepto de lo que en la sociedad argentina se estaba incubando. Frases como "no te metás", "yo, argentino" y "cada uno oye lo que quiere oír" reflejaban la disgregación de aquella clase media tan grande y equilibrada, imperfecta pero madre de un desarrollo pacífico. En vez de intentar un acercamiento entre la clase media y el pueblo sufriente y trabajador, este mecanismo diabólico envenenaba las almas y los ánimos para crear encono entre dos fracciones sociales, generando inestabilidad democrática y civil. Todos hablaban de ello y parecía ser que, paradójicamente, nadie buscaba una solución.

Un día, en una hora libre de una materia, nuestro celador, Funes, que en esas circunstancias conducía charlas y debates con temas muy interesantes, dijo: "Todos estamos corriendo para apagar un incendio con una antorcha encendida en la mano"... En honor a la verdad y a su memoria, debo admitir que fueron sus reflexiones las primeras que hicieron brecha en mis indecisiones, que la claridad con que vi desde entonces la política y los gobiernos de facto me abrió la mente y me transmitió ideales de justicia claros y perseverantes en el tiempo. Supe después que él fue un desaparecido; y relacionando los hechos, entendí que podía ser un desenlace probable para un joven universitario argentino, inconforme y pragmático de su tiempo.

II

Finalmente llegó el día de jugar un verdadero partido, con camiseta y botines, con el flamante equipo completo. Mientras nos preparábamos, Zurita hablaba con todos los jugadores, pero se refería con mayor énfasis a los titulares, de los cuales yo no me sentía parte. En un instante determinado comprendí que yo no estaba en el equipo y las explicaciones del técnico se iban alejando de mí, de mi estilo de juego. Eso no era un verdadero drama para mí en ese momento, pero me daba lástima; me sentía como un pibe que ve desde la vitrina de un negocio cómo otros niños se devoran un festín de dulces.

Mis compañeros salieron a la cancha y había muchísimas personas en las tribunas, pues más tarde habrían de jugar los equipos mayores. Esto me causaba euforia y ansiedad, pero sobre todo una gran agitación en las piernas, que se movían por su propia cuenta. Las voces de la gente en las tribunas y, más nítidas aun, las voces de los padres de los jugadores alentando a sus propios hijos eran un estímulo que nos incitaba a la competición. Busqué con la mirada a mi hermano en la tribuna, pese a que me había dicho que no podría ir a verme ya que tenía un compromiso importante al que acudir.

Mi alma se paró por un instante, pues en un momento caí en la cuenta de dónde estaba y de lo que estaba sucediendo: me encontraba dentro de un estadio, con público y con toda la indumentaria sobre el cuerpo. Miré a mis compañeros y me miré: la ropa deportiva nos volvía iguales y yo formaba parte de ese grupo de chicos que saldría a la cancha un domingo en Buenos Aires, donde todo el fútbol llega a todos en alguna medida. La ciudad y el país beben fútbol, por radio, en los estadios de Primera A o de aficionados, pasando por los de la B, la C... ¿Y qué decir de los campitos de todos los barrios? ¿Estarían mis amigos jugando un picadito en el Maracaná? ¿Y en el club Moreno, donde cada domingo los partidos eran batallas campales y los goles se gritaban tanto que llegaban hasta mi casa, a unos trescientos metros de distancia? Y así en toda esta *Megalópolis*, en el centro y las afueras, en cada barrio se sentía el pique de una pelota sobre el asfalto, millares de botines y zapatillas, medias, piernas y pantaloncitos. La adrenalina a mil, los labios tiesos y los dientes apretados, millones de ojos exaltados y manos crispadas. Toda la energía de un país al servicio del juego más lindo, excitante e imprevisible del mundo.

Volví con la mente a donde estaba mi cuerpo y me encontré más relajado. Todo parecía más natural y menos extraordinario, pero a la vez tenía más conciencia de los detalles de cada episodio que acontecía a mi alrededor: la gente, el árbitro, el técnico, los utileros y mis compañeros.

III

El partido empezó tenso, interrumpido constantemente por las faltas de ambos equipos. Los nuestros habían perdido el control del mediocampo y el equipo adversario avanzaba peligrosamente. La mayor parte del trabajo les tocaba al arquero y a los defensores, que no estaban para nada serenos.

Al cabo de 25 minutos de juego, Zurita me mira y me dice:
—Hacé el precalentamiento.
Me quedo mirándolo:
—¿A mí?
—Sí, te digo a vos, empezá. ¡Apurate!

Salto del banco al césped y siento las miradas de mis compañeros y sus padres atrás de nosotros, en la tribuna. Alguien desaprueba mi ingreso y se lo comenta a Zurita. Ninguna respuesta. Yo oigo ese silencio. Me concentro en mi carrera y hago los ejercicios que me enseñaron: me agacho, estiro las piernas, doblo las rodillas y las levanto como si estuviera corriendo pero sin moverme del lugar. Muevo el cuello, elevo los brazos tiesos y los bajo tocándome los muslos para ayudar la respiración. Siento los músculos calentarse, pero antes de tiempo le digo a mi entrenador:
—Ya estoy.

Me mira, se acerca y me pone un brazo en el hombro indicándome:
—¿Ves a ese rubiecito en el medio que juega de 5? Le tenés que sacar la pelota; seguilo, anticipalo, y cuando la tenés, mandá el

juego para otro lado. Mejor a las puntas. Ojo que es zurdo y muy vivo, tiene mucho oficio, ¿entendiste?

—Sí.

Entro a la cancha en reemplazo de un acomodado que no estaba corriendo mucho: jugaba de 8, bueno para pisarla pero lento en la descarga, y además, un problema que se veía seguido: pases muy anunciados. Escucho algún silbido en la tribuna y más silencio como diciendo: "¿Y este chiquitito quién es? ¿De dónde salió?".

Voy y me acerco al rubiecito. Apenas recibe un pase, no controla bien la pelota y se la saco. Me sigue, la toco en seguida a un defensor y me desmarco corriendo hacia el área adversaria, pero mi compañero me la devuelve de primera hacia adelante; pico y con esa jugada dejamos pagando a dos contrarios. A la carrera e improvisadamente, toco con el borde externo del pie derecho para el puntero, que entra en el área. La defensa contraria se cierra como un abanico y yo me posiciono sobre el otro costado del área, cuando todos nuestros delanteros van hacia el centro y forman un tumulto con los defensores. Mi compañero me ve solo y, sin haberlo preparado en los entrenamientos, hace el centro pasado...

La podía parar antes de tirar o, si quería, cabecear tirándome *en palomita*, pero decidí pegarle como venía con la zurda. Y con una torsión complicada pero vistosa, la empalmé con toda la fuerza que tenía. La pelota pasó por encima de la cabeza del arquero y entre sus brazos, que se cerraron demasiado tarde. Se clavó en lo alto, cerca del travesaño, contra la red, que se agitó toda como festejando el gol. Mi primer gol. Inolvidable.

Fue todo un solo grito y en medio de las voces sentí la de mi técnico. Fui literalmente atropellado por mis compañeros, que me saltaron encima. Yo sólo atinaba a ver la red que continuaba flameando; también gritaba, pero mi atención estaba en el arco, sintiendo una especie de conexión con los tres palos y la red, una energía que nos vinculaba.

Habían pasado dos o tres minutos desde mi ingreso al campo y ya había hecho un gol el día de mi debut, ya había establecido una relación entre los jugadores, el campo y los palos del arco. En ese momento y con ese gesto, me sentí el protagonista del grupo y de mi propia vida. Era una verdadera emoción.

Aunque este sentimiento se neutralizara después, con las vicisitudes posteriores, los acontecimientos y las frustraciones, me quedó para siempre esa imagen del triunfo: la red agitándose.

Quien haya inventado la red que va en el arco tal vez no sabía las sensaciones que esta habría de provocar en los jugadores y en el público. Es verdad que, en algunas circunstancias, es un invento práctico para evitar discusiones sobre si la pelota entró o no. Sin embargo, la sensación que produce verla flamear cuando la pelota está adentro es excitante, avasalladora. A mí me producía una sensación de liberación que pasaba por todo mi cuerpo. A veces me hacía saltar las lágrimas, cosa que me avergonzaba, hasta que vi que a grandes campeones, famosos por su dureza, les pasaba lo mismo.

Retornando al centro del campo, miré a la gente de las tribunas que aplaudía y felicitaba de mil modos; sus gritos no eran reconocibles, pero sí su sentido. No sé si era mi impresión, pero en el estadio lleno yo percibía mayor atención por nuestro equipo y por el partido. El público sumaba un ingrediente: yo quería jugar bien para que esa gente se divirtiera y me aplaudiera.

En un ángulo de la tribuna reconocí los gestos y la remera azul de Alberto, mi hermano, que gritaba mi nombre. Me dirigí hacia él y con los puños cerrados festejé con mayor énfasis el gol que había marcado. En eso sentí la voz del maestro que me decía:

–Volvé a tu puesto, botija.

Pensé que me había inventado un sobrenombre. Tiempo después supe que en Uruguay llaman así a los chicos. Al conocer mejor a mi entrenador, aprendí cada día más cosas sobre él y supe que era uruguayo. Yo me preguntaba cómo en un país tan pequeño y con tan poca gente podía haber tantos magos que supieran tanto de futbol. Un país con tanta tradición futbolera… cuya selección le ganó a Brasil en el mismísimo Maracaná en la final del Mundial del '50. "Entonces la historia de David y Goliat es totalmente plausible", me dije.

Siguió el partido de mi debut y el rubiecito n.º 5 tomó medidas drásticas para contrarrestar mi juego: se duplicó marcándome y corriendo más que yo, comenzó a hacer juego en otro sector de la cancha. Me sentía desubicado, confuso, y me tomó tiempo entender qué podía hacer yo. Pasaron largos minutos (ya en el segundo tiempo) sin que yo pudiera tocar una pelota. Ese jugador era dinámico y talentoso, además era líder nato y se hacía ayudar bien por sus compañeros.

Del banco, Zurita me gritó:

—¡Desmarcate y jugá con tu zaguero izquierdo!

Fue así que equilibramos el mediocampo; teníamos la pelota en un sector que ellos no ocupaban bien, y cuando el n.º 5 venía a ese terreno, hacíamos un cambio de frente mi zaguero o yo para atacar por la derecha. Les estábamos dando un poco de su propia medicina. El resto del partido fue sudor y sufrimiento; ellos no se resignaban a perder, así que probaban todas las maneras posibles de empatar. Tres veces nos salvaron los palos, y casi al final del partido oí que Zurita le decía a un compañero:

—Acordate, es siempre así: el que no puede meterla adentro, seguro que lo prende.

Me animé y me pegué otra vez al 5, al rubiecito; comencé a disputar todas las pelotas que venían hacia él; algunas las robé y otras las perdí, pero era un duelo parejo. En un momento lo vi cansado y en una pelota dividida hice una *verónica pisada*, o sea, pisé la pelota a la carrera y giré el cuerpo 360 grados. Este movimiento, además de ser una prueba de superioridad, da una ventaja de espacio difícil de recuperar para la víctima. Entonces se abrió un espacio delante de mí y el rubiecito quedó atrás, vencido. La jugada sembró inseguridad entre los defensores, que retrocedían, y mis compañeros delanteros se abalanzaron al área contraria. Era lógico que mi pase fuera a mi centrodelantero, que me la pedía con desesperación; pero por la punta izquierda vi a mi punterito que entraba en el área, desmarcado. Hice un pase cortado por una diagonal, de rastrón, y la pelota le llegó a los pies. El chiquito, que no había tocado una pelota en todo el partido porque su marcador era infalible, la paró de zurda y remató de derecha al primer palo (todo en un solo paso). Fusiló al arquero, lo dejó sin chances. Era un gol lapidario, definitorio. Imposible que los chicos del equipo contrario pudieran hacer en dos o tres minutos lo que no habían podido en todo el partido. No siempre ser superior en el juego es una garantía de ganar; a veces, muy seguido, la diferencia la hacen los episodios y los estados de ánimo, que van y vienen, inestables, a lo largo de un *match*. Todo pasa por entender cómo funciona la mente y arriesgarse sin miedo cuando te sentís tocado por una varita mágica, momento que dura algunos segundos y que separa la gloria de la derrota.

Hay momentos en que ni las ganas, ni el corazón, ni el ímpetu ni todas las cosas aprendidas te sostienen; es cuando bajás los brazos y te entregás. Les pasa a todos, también a los mejores, a los campeones; es cuando el alma intuye que hay un ordenamiento escrito, algo en lo que no has querido creer e igualmente te cae encima, como un cinturón de lastre que pesa más que todos tus deseos. A menudo pasa en la vida, pero uno se obstina en resistir, y muchas veces, cuando los astros se alinean, las cosas pueden enderezarse y ayudan a vencer la contrariedad. Todas estas cosas se perciben en los segundos finales de un partido, al mirar la cara de los vencidos, cuando ya no hay tiempo para pensar más, ni reordenar el juego, ni detener las agujas del reloj.

Si bien mi debut había sido aceptable (en realidad yo lo consideraba triunfal), encontraba muchas dificultades para insertarme en el equipo. Por algún tiempo me devané los sesos tratando de encontrar un motivo, un impedimento, una excusa para justificar mi exclusión del equipo titular. De todas maneras yo continuaba entrenándome y aprendiendo todas las estrategias posibles que el técnico nos enseñaba. A diferencia de muchos otros chicos, yo aprendía rápido, y las jugadas grupales, producto de disposiciones tácticas, me salían muy bien, a mi entender. Durante los entrenamientos, Zurita era gentil y comunicativo conmigo, trabajábamos intensamente y muchas veces me señalaba como ejemplo o punto de referencia en la escuadra; pero cuando llegaba el día del partido *comía* banco. En el mejor de los casos jugaba 10 o 15 minutos, pero eso no me desanimaba. Esta gran aventura me gustaba demasiado como para deprimirme y renunciar. Tenía que aguantar, tomar conciencia del orden justo o injusto del mundo que me rodeaba y adaptarme, crecer, aceptar y así tomar medidas para los cambios que mi espíritu me pedía.

12 – Agonía

Aquel día de prácticas habíamos probado tiros al arco con barrera y yo no me sentía con las fuerzas habituales. No hacía llegar la pelota a donde apuntaba, mientras muchos de mis compañeros probaban quién le pegaba más fuerte, los famosos *chumbazos* que se perdían a metros de los palos de la valla. A mí me gustaba colocarla, darle con efecto *banana* o chanfle, había muchos modos de llamarlo. Había oído de un tal Didí y de una cosa que él hacía llamada *folha seca*, que literalmente se traducía del portugués "hoja seca" (como la de un árbol en otoño): consistía en patear los tiros libres de modo tal que la pelota se alzaba por sobre la barrera, tomaba efecto justo en el punto más alto y bajaba repentinamente. El resultado era que la pelota se aceleraba y se clavaba inalcanzable bajo el travesaño. No podía imaginar cómo lograba darle ese efecto. Lo comenté con Zurita, ya que el hombre parecía ser una enciclopedia del fútbol. Luego de mirarme sorprendido de que yo mencionara a jugadores de otras épocas, se tomó algunos segundos y me respondió:

–Hay que nacer brasileño, chiquito.

Yo sabía que era una broma irónica y que, como todo en la vida, se podía aprender a hacer, pero me llegaba el mensaje de que ciertas características de juego están vinculadas a la cultura y al modo de jugar que cada país o región desarrolla.

Cuando terminamos el entrenamiento ese día, decidí no ducharme con mis compañeros porque quería seguir practicando tiros libres; así que después de comprar mi porción de budín de pan a la salida, me apuré para hacer el trayecto a mi casa caminando y pasé por el Maracaná. Rogaba encontrar a mis amigos y proponerles hacer dicha práctica. Avenida Rivadavia, calle French, "talón, planta, punta", como decía mi padre cuando le preguntaban qué colectivo había tomado para llegar a un determinado lugar. Él era un gran caminador, y yo lo emulaba.

Al llegar a la esquina del Maracaná, noté que mis amigos estaban jugando sobre un costado de la cancha, en forma transversal al sentido del campo. Me acerqué al grupo y comencé a preguntar si alguno de los que estaban fuera del partido quería practicar conmigo, entonces uno me dijo:

—Mirá, si querés podés usar aquel arco, la otra parte de la cancha no se puede usar.

Me pareció extraño y quise ver por qué no se podría jugar allí. Noté que había unas estacas clavadas en el piso, a un costado del área grande, que llegaban hasta el banderín del córner. Me quedé pensando de qué se trataría todo eso, por qué estaban allí y no las habían quitado para jugar, ya que había suficientes chicos para llenar la cancha y jugar todos, como hacíamos siempre.

No me pareció una cosa importante, pero un raro presagio me hizo correr un escalofrío por la espalda mientras mi mente buscaba una respuesta al dilema de las estacas. Perdí de vista el programa que me había fijado y el motivo por el cual había ido hasta el Maracaná. Di vueltas buscando a alguien que pudiera explicarme la situación. En ese momento se me acercó "Saladito" con una pelota bajo el brazo y, empujándome, me dijo:

—Dale, vamos a ver qué aprendiste últimamente —y con su locuacidad me arrastró hasta el arco libre, seguido por otros tres chicos que habían aceptado hacer la barrera.

Traté de explicarle lo del tal Didí y la *folha seca*, pero mis palabras rebotaban contra su discurso en apnea, ininterrumpido.

Les expliqué el trabajo a los chicos. Con "Saladito" en el arco y para aumentar el interés, propuse un recambio cada dos tiros: quien tiraba dos veces, automáticamente se ponía en la barrera y cedía el turno a otro; convertir un gol daba un tiro más.

Probamos de diferentes ángulos y con ambos pies. En una de esas, al retroceder para tomar carrera, fui a tocar una de las estacas que habían despertado mi curiosidad. Corrí y le pegué fuerte, con efecto. La pelota se alzó por encima de la barrera. Pensé que era muy alta y el balón terminaría en la calle, pero de repente bajó y se clavó en el ángulo a la derecha del arquero.

—¡Pensé que iba afuera! —me gritó "Saladito".

Lo que había escuchado, después imaginado y teorizado, ahora encontraba un reflejo real en un tiro mío. No era más un patrimonio exclusivamente brasileño, era cuestión de imaginación, de práctica y de sensibilidad. Tenía ganas de celebrar de alguna manera y gritar a todos lo que había conseguido hacer, pero me di vuelta y me acerqué a la estaca con la que había tropezado. Miré con más atención y me di cuenta de que marcaba un espacio de terreno que llegaba hasta la calle, igual al que había junto al Maracaná con una casa construida. Quise pensar muchas cosas que no tenían que ver con nada definitivo, ningún cambio, ningún final. Pero mi inconsciente me decía que había algo irreversible.

Estaba agachado mirando el terreno. Me puse de pie y al darme vuelta encontré la cara de "Saladito" que me decía:

—Van a construir una casa, esta mañana llegaron los nuevos vecinos con el agrimensor y marcaron el terreno. Mi viejo habló con ellos; la semana que viene ponen el alambrado y el próximo mes comienzan a construir.

¡Una semana! ¡El próximo mes! No podía hacerme a la idea, era todo demasiado rápido. ¡Nadie me había consultado nada! ¿Cómo podían? Se me ocurrió que si poníamos plata entre todos podíamos comprar el campito, pero la razón me llevó a pensar que costaba una fortuna. Ni mi propia familia tenía acceso a comprar un terreno como el que estaba marcado con aquellas estacas que truncaban la integridad del campito. ¿Qué hacer? Me invadió una angustia y una impotencia que no había sentido nunca, una rabia que me arrancó algunas lágrimas. Y me fui.

Antes de entrar a mi casa me detuve a mirarla: una prefabricada *Tarzán* puesta en un terreno comunal en el que se había desarrollado una pequeña villa miseria. Después, la desazón me llevó a tirarme sobre mi cama, panza abajo, para hundir las penas en la almohada.

Aunque no era ese mi mundo y mis amigos no eran de allí, no dejaba de ser de todas maneras mi situación social. De esto también tomaba conciencia. No tenía amigos dentro del barrio, solo algunos conocidos. Mi madre no quería que me juntara con ellos, con la gente que vivía en esa situación, pero sí debía saludarlos. El respeto y la buena educación eran temas importantes, mi madre no hacía concesiones en ese punto. Ella sabía que un día saldríamos de allí, de esa situación que nos daba vergüenza, y hacía de todo para lograrlo. Cumplía dos turnos en la fábrica de toallas donde trabajaba: entraba a las seis de la mañana y salía a las diez de la noche, seis días a la semana.

Pensé que habría sido más justo que lotearan aquel terreno donde había nacido la villa. De paso todas aquellas familias que vivían allí hubieran podido comprarse su terreno, quizá con alguna ayuda, y construir su propia casa. Todos mis pensamientos giraban alrededor del salvataje del Maracaná, pero siempre un hilo de razón se imponía para hacerme tocar una y otra vez la tierra con los pies. El terreno marcado en el campito no pertenecía a ningún vecino de la villa, era de gente nueva venida quién sabe de dónde.

Los intereses de rematadores, inversores y *villeros* no corrían en la misma dirección que mis deseos. Tenían otros parámetros, muy alejados del salvataje de un terreno de uso deportivo y social, que sin embargo formaba parte del desarrollo urbanístico de una ciudad que crecía a ritmo acelerado, tan acelerado que no daba tiempo para asimilar los cambios con la parsimonia de un crecimiento sano, el tiempo que cualquiera necesita para ajustarse a una nueva realidad.

Pasaron los días y me fui acostumbrando a la idea de la mutilación de mi canchita, me fui habituando yo también a jugar en un espacio más pequeño, entre menos chicos. Los arcos los habíamos hecho con unas cañas en el sentido transversal de la cancha original y entonces usábamos la mitad de la superficie. Venía menos gente y comenzaron a desaparecer los mejores jugadores, todo el sistema desarrollado en esos años comenzó a resentirse y a desmoronarse. Era la decadencia, ya no había clima de fiesta los domingos o las tardes de grandes encuentros con equipos que venían a desafiar la imbatibilidad de los equipos locales. Ya no aparecían más aquellos habilidosos y temerarios muchachotes con camisetas que llevaban el nombre de las fábricas donde trabajaban, que los reunían y entrenaban para formar equipos de fútbol. Se desvanecía el imán y la magia con que había vivido ese lugar. Era como un gigante a punto de derrumbarse, atacado por energúmenos.

Todavía recuerdo un partido muy sentido, en el que los jugadores usaron toda la cancha a pesar de las estacas, y a medida que se desarrollaba el juego estas iban desapareciendo, hasta que vino un vecino y tiró la bronca; pero ningún jugador lo escuchó y siguieron jugando hasta que se terminó el encuentro. Al día siguiente había un grupo de obreros que reponían los puntos de señas, pero esta vez ponían postes más grandes y los enterraban más profundo. Acto seguido, abatieron los arcos de la canchita. Toda una trasfiguración, definitiva para mí, que lo vivía como un verdadero drama, pero al que ya me estaba acostumbrando y comenzaba a resignarme. Aún soñaba que de haber sido rico o de ganar el *gordo* de Navidad habría comprado aquel terreno y construido la cancha más linda de toda la zona, con torres de iluminación eléctrica y sistema de riego automático, como en los mejores estadios de Buenos Aires. Estaba impresionado por los campos de fútbol ingleses que había visto por televisión, primero en el Mundial del '66 y después cuando algunos noticiarios pasaban resúmenes de partidos de Gran Bretaña, con sus *fields* a cuadros y franjas... y había elegido ese césped para mi Maracaná. Pero eran solo sueños, al final me veía a mí mismo caminar diminuto e impotente por una calle polvorienta, con casas que a pesar de sus floridos jardines a mí me parecían grises. Inerme ante los acontecimientos del mundo (aquello que para mí era el mundo por aquellos tiempos), no podía ver lo que el futuro inmediato me deparaba para continuar mi crecimiento y mis vínculos con el barrio y con la gente.

Crear un sueño y mantenerlo requiere espíritu, pasión y coraje. En cambio, a quien propicia su destrucción le basta disciplina y constancia. De esa experiencia entendí que uno debe aprender a ver el futuro en cada cosa, en cada sueño y en cada proyecto, que hay cosas que pueden durar mucho y otras poco, pero todo se termina y todo cambia. Pese a disfrutar y vivir intensamente, con alegría, uno nunca está preparado para desprenderse de las cosas. La ausencia repentina de un amor siempre deja desolación y dolor, hasta que el tiempo lo mitiga o lo borra, almacenándolo en los recuerdos o a veces en el olvido.

Mientras pensaba en este evento, llegué a ver cuán frágiles eran todas las cosas, incluso mis proyectos. ¿Cuánto duraría mi experiencia en las inferiores del Deportivo Morón? ¿Y de qué dependería el final o la continuación? Veía pasar los días y las semanas, y cada vez el campito tenía más aspecto de un potrero mutilado por nuevos loteos de terrenos, señalados con las nefastas estacas. Pasaba por delante cuando iba a la escuela, a la casa de algún amigo o al estadio de Morón para las prácticas. Era siempre un dolor, pero siempre un poco menos intenso.

Un día me descubrí cambiando de parada de colectivo, o sea de itinerario, para no pasar más por delante del Maracaná, o de lo que de él quedaba, quizás como mecanismo de defensa para sufrir menos o tal vez porque en el chalet frente a la nueva parada había descubierto a una pecosa que me hacía ojitos. Sentí tener que darle un poco la espalda a todo aquello, como si fuera ya parte de mi pasado. Mientras tanto, la nueva escuela, los nuevos compañeros, mi nueva vida me reclamaban para vivir cosas diferentes, para crecer, para soñar de otra manera, pero siempre soñar.

Ahora, de a poco, comenzaba a sentir el pulso de la vida, de la política y de la desigualdad social, con nuevos ideales: la conciencia de la injusticia y la rebeldía de no querer conceder. En octubre de ese 1968 se cumplía un año de una pérdida irreparable, otra desilusión, otra derrota: Ernesto "Che" Guevara había caído víctima de su propia inspiración e ideales al enfrentarse con la paradoja misma del ser latinoamericano: ser o no ser. Para entonces mi universo era más amplio y por eso mi alma sufría debido a males universales, globales, como la guerra del Vietnam o el fin de la primavera de Praga. En Argentina, negros nubarrones vestidos con gorra militar se cernían sobre nuestro futuro. En aquel momento nunca habría creído que todo lo que estaba por suceder se convertiría en realidad. Una generación diezmada, un sueño interrumpido, un crecimiento castrado… una pesadilla. Pero todavía faltaba mucho para vivir todo ese dolor inconmensurable e incomprensible. En fin, el dolor que me había producido la pérdida de mi Maracaná era solo una prueba, una muestra de lo que la vida y la sociedad me quitarían a lo largo de muchos años de degradación social y política.

El dolor es soportable o no según en qué medida uno decida sufrirlo. La muerte de un ser querido, el destierro, la mutilación de un futuro afectan según el grado de conciencia de lo que se pierde. A veces eso no se ve sino con los años, después de muchos años.

13 – Un día de fenómeno

La tarde se presenta serena, delicada, ni viento ni mucho sol. De buen augurio. Siento mi cuerpo y todos mis músculos preparados, ya calientes. Parece que oyera más y mejor, parece que viera más en profundidad. No obstante la adrenalina del partido inminente, estoy sereno y seguro. Es un partido complicado. Mis compañeros, nerviosos, están en silencio y se buscan con la mirada para recuperar confortación y seguridad. Estoy seguro de que mi técnico me pone en el equipo. No sé si de entrada o en el segundo tiempo, pero me siento ya dentro del campo.

Salgo del vestuario. Con previo permiso del jefe para mirar la cancha, me asomo a la boca del túnel y descubro un estadio muy concurrido, casi lleno. En los últimos tiempos los hinchas iban temprano para no perderse nuestras actuaciones. Por primera vez la situación no me intimida, no siento ni temor ni inseguridad, todo es muy natural. Me viene a la mente el léxico de las series televisivas policiales donde el detective sigue una pista y descubre a un delincuente "por una corazonada". Ahora comprendo en toda su extensión aquella frase. Cuando vuelvo a entrar en el vestuario, nuestro técnico está nombrando a los titulares y a mitad de la lista escucho mi nombre y apellido, más la mirada directa de mi jefe descargándome un saco de responsabilidad. Yo acepto con los ojos, respiro hondo para no gritar de la alegría y comienzo a hacer flexiones para estirar los músculos. Todo parece suceder en cámara lenta.

El *capo* explica las posiciones y la dinámica de nuestra estrategia. Ya no siento más nada, estoy viendo la salida del túnel hacia el campo y las piernas me llevan en esa dirección hasta que la voz de Zurita me frena. Aún no es la hora. Me siento en un banco y, tomándome con las manos la punta de los pies, trato de matar los minutos y de paso hacer más flexiones. Entra un asistente y le dice a nuestro técnico:

–Que los chicos se acerquen al túnel, el otro equipo ya entró.

Corre una especie de escalofrío entre mis compañeros; ellos preferirían siempre salir primero. Pienso: "¿A mí qué me importa?". No me dejo condicionar. Salimos del túnel y al entrar en la cancha todos tienen su cábala: algunos se persignan, otros tocan el césped o alguna cadenita que llevan al cuello. Yo no tengo nada de eso, pero me doy cuenta de que entré en el campo con el pie derecho sin decidirlo. Se me dibuja una sonrisa que me dura unos segundos y mis compañeros me miran, me juzgan, y alguno hasta me dice:

–¿De qué te reís, salame?

Yo no respondo ni me achico, no siento nervios por el encuentro. Los jugadores del otro equipo se ven muy atléticos pero no me dejo impresionar. Siento los gritos de Zurita que me nombra y me pide que me ponga una línea más atrás. Entonces retrocedo un poco para contentarlo, pero me quedo cerca de los atacantes de mi equipo.

Apenas mueve el balón el equipo visitante, me adelanto rápidamente hacia el terreno contrario e intercepto un pase; continúo la corrida y saltando a un adversario, meto un pase a un atacante central que me la devuelve y se va corriendo para acomodarse en el centro del área; pero yo soy más rápido y llego a una posición frente al arco; después de un amague que descoloca al defensor que me cubre, dejo partir un zurdazo que se clava abajo, al lado del primer poste. Sin atenuantes, sin reacción para ninguno. Sólo el baile sensual de la red del arco adversario, un instante de estupor y el grito ensordecedor del estadio que nos despierta a todos. Nadie lo puede creer, ni yo; apenas cuarenta segundos y ya estamos en ventaja. Fácil, demoledor. Me parecía haber volado sobre el césped, rápido, con una precisión quirúrgica. Me sentía como un superhombre...

Los chicos del equipo contrario se apuran a llevar la pelota al centro del campo, están enojados, furiosos y amenazantes. Mis compañeros festejan con mesura, todavía tienen un poco de miedo. El otro equipo viene de ganar los últimos diez partidos y algunos por goleada. Además, en el campeonato nunca estuvieron en desventaja. Ahora advierto que infunden miedo y mis compañeros sufren esa sugestión. Extrañamente, yo no; a mí no me importa, me siento fuerte para hacer lo mío y me gusta lo que dijo mi jefe:

—Los campeones también pueden perder y los gigantes hacen más ruido cuando caen.

Mientras vuelvo a mi puesto miro a la gente en las tribunas. Me sonríen y me alientan. Más tarde se medirán los equipos de primera y este gol es para todos un buen presagio. Soy el último en atravesar la línea que divide el campo en dos, y mis contrincantes me miran con impaciencia y tal vez con un poco de odio. Sé que apenas saquen se abalanzarán hacia nuestro arco intentando empatar, así que no me detengo y me voy a colocar entre las líneas más atrasadas. Doy una mano a la defensa. Después robo una pelota en la mitad de mi campo y la piso, alzo la cabeza para ver quién de mis compañeros está mejor ubicado. Los defensores me gritan:

—¡Reventala! ¡Mandala a los caños!

Pero yo me siento muy seguro; eludo con un caño a un mediocampista y avanzo en diagonal hacia un lateral. Ahora veo compañeros desmarcados, comienzo una serie de toques y vuelvo al centro del campo. Siento que mi puntero derecho corre en diagonal hacia la valla contraria y sin mirarlo le pongo un pase que llega justo delante de él. Las tribunas murmullan de placer, el puntero se apura un poco y saca un derechazo que da en el poste, con el consiguiente "¡Uuuh!" de los espectadores. El rebote viene hacia la medialuna del área como si estuviera buscándome y yo no me pierdo el encuentro con la redonda: salto y la bajo con el pecho. Hay dos defensores, pero aprovecho su desequilibrio en el apuro de taparme y los paso con un sombrero. Con ellos a dos pasos detrás de mí, mato la pelota contra el césped, me sale el arquero y la acaricio pisándola con el pie derecho y la hago rodar hacia mi izquierda. El arquero pasa manoteando el aire. Yo soy un felino elegante y hermoso que escapa a todo y penetra con pelota al pie en el arco adversario. Acomodo el balón en el fondo del arco y el rugido de las tribunas es igual al que se siente cuando juegan los mayores. Corro hacia el banderín del córner derecho de aquel arco porque sé que mi hermano está por ahí. No lo veo, pero siento su voz y la alegría de miles de hinchas que me aclaman y gritan mi nombre.

El resto del partido es parejo. Ellos atacan *a cabeza baja*, nosotros defendemos y diseñamos jugadas, nos desmarcamos y hacemos girar el balón. De tanto en tanto probamos una penetración. Yo ocupo un amplio sector en la media cancha, pero seguido tengo que dar una mano a la defensa; me guío por mi instinto y todo me sale redondo. Sé que cuanto más precisos sean nuestros pases, menos peligros correremos. Nos buscamos con toques cortos, pero cuando nos presionan hacemos partir pases largos, cambios de frente y pelotas cortadas para los delanteros que siembran el terror en el área adversaria. ¡Cuánto sabe mi técnico! Estamos haciendo lo que él nos enseñó. Mis compañeros se fían de mí, sobre todo los mediocampistas; yo distribuyo el juego y cada tanto hago jugadas que desequilibran a la defensa contraria.

Casi al final del primer tiempo, intuyo una situación favorable. Después de unos toques en los tres cuartos de cancha, saco un derechazo desde el ángulo izquierdo del área grande dirigido al ángulo derecho del arco. La pelota parece salir por el fondo, pero el efecto que le da el borde externo de mi pie derecho la hace entrar bajo el travesaño y pegada al palo. La red se infla y todos gritamos. Yo me quedo clavado en el piso y todo el equipo se me tira encima; no veo nada, no escucho nada, el estadio se viene abajo. Cuando veo la luz, mi arquero, que corrió hasta ahí a festejar, me pregunta:

—Nene, ¿con qué te diste hoy?

Tres a cero; es una humillación. Los visitantes están desconcertados, no saben en qué se están equivocando. Yo los miro y pienso que no son chicos que se dejen llevar por el desencanto ni son de resignarse a perder, tienen una preparación técnica y mental que se encuentra raras veces, además de algunos jugadores muy talentosos. Seguro que en el segundo tiempo van a salir a matar.

Noto en la mirada de algunos que identifican en mí el factor desequilibrante y me siento como el arma secreta. Me viene un instante de incerteza cuando pienso que se puede interrumpir mi buena racha, pero cierro los ojos y me digo: "Va a durar mucho, todavía tengo mucho repertorio".

Nos vamos todos a los vestuarios cuando suena el silbato. En el túnel solo se sienten los tapones de los botines: todos caminamos en silencio y ese silencio se vuelve grito desenfrenado cuando cerramos la puerta de nuestro vestuario y estamos todos adentro. El *capo* nos aquieta y nos felicita a todos por igual, pero se me acerca y me dice:

—Va a ser difícil que te olvides de este día. Todos los astros del cielo están contigo...

El técnico habla y todos escuchamos, yo un poco menos, estoy viajando por las galaxias del fútbol y de los sueños. Miro a mi alrededor y me pregunto si va a ser siempre así en adelante o si es solo una buena jornada. Me toco las canillas y me duelen, me pegaron bastante durante el partido, pero en ese momento no siento nada, tengo el rasguño de una caída y me duele el hombro por un codazo, pero los goles son el mejor anestésico y la tribuna una venda gigante y protectora. Quiero entrar a jugar ya, a seguir forjando el resultado, a ganarme un puesto de titular, a sentir mi nombre gritado por los hinchas.

Al salir del túnel hacia el campo siento el sol en la cara, por un momento pienso si será molesto durante el encuentro, pero pasa ese pensamiento cuando nos disponemos en escuadra. A dar lucha, dura lucha. Se me acerca mi capitán y me dice:

–No te rajés para adelante, quedate un poco atrás a dar una mano, ahora hay que defender los goles que hiciste.

El técnico había acertado con el capitán, el encargado de elegir bien las palabras para tener en orden a sus compañeros. Nos habíamos percatado, en la cancha y por boca del técnico, de que ese partido lo podíamos ganar, pero teníamos que jugar como si estuviéramos cero a cero: el segundo tiempo estaría lleno de insidia, trampas y asedio. Allí jugarían los nervios contra la serenidad, la destreza contra el exceso, la paciencia contra la desesperación. Y todo esto dentro de nosotros; además estaban el otro equipo, el réferi y los golpes de fortuna.

Parecían ser treinta y no once por la manera en que comenzaron a atacarnos. Muchos balones altos y golpes de cabeza, allí no valía mi abnegación, en el salto simplemente no agarraba una. De a poquito fui entendiendo que mi posición más válida era en el lateral, por donde un puntero nos estaba perforando. Me puse detrás del marcador de punta que lo cuidaba y cuando era eludido, yo le salía de inmediato. A la segunda pelota rechazada de este modo, la tribuna empezó a cantar:

–¡Ese chiquito, ese chiquito... no te va a dejar pasar!...

El técnico me señalaba algunos detalles para aprovechar mejor mi posición y estrategia. Yo estaba iluminado y las cosas me salían al pelo. Los visitantes cambiaron de punta y comenzaron por la derecha, pero el otro *wing* no era tan habilidoso.

Respiramos un poco, yo al final me quedé por ahí solo a recoger las pelotas "pasadas" que el otro puntero tiraba al centro. Como en mi faja éramos dos los marcadores de punta, podíamos salir jugando y así dábamos un descanso a nuestro equipo. De ahí me convertí en el anillo de conexión entre mi marcador de punta, al que había asistido, y mi puntero derecho. El puntero izquierdo del otro equipo, que nos había tenido a maltraer, ya no contaba con la misma energía y además lo habíamos *leído* bastante bien como para que no nos sorprendiera. Tomamos coraje otra vez y probamos algunos ataques, la tribuna pedía goles y algunos me gritaban directamente a mí:

—¡Dale, nene! ¡Dibujales una de las tuyas!

Eso me incitaba, pero mi capitán me tenía corto y hacía señas para que me retrasara cuando me veía adelantado. Al final me mandé al medio, pensaba que si hacía una gambeta podía ganar una falta, un tiro libre. En una de esas, gané un rebote y me llevé el balón con la cabeza; pensé que iba a durar poco en pie, pero era un momento crucial para los contrarios, que habían corrido muchísimo, y noté cierta apatía en los defensores con respecto a mi intención. Entonces aceleré, me metí por el medio de la defensa con un doble zigzag largo, entré en el área grande, mientras buscaba un compañero que me siguiera... ¡Nadie! Tenía todavía dos defensores adelante, me paré frente al primero mientras giraba 180 grados para proteger el balón. Buscaba a un compañero para respirar un poco, pues ya no me daba para seguir con la misma fuerza. Sentí que el defensor me atacaba, entonces continué el giro descolocándolo, haciéndolo pasar de largo mientras yo me ponía de frente al arco y quedaba libre para tirar. Estaba a unos quince metros de la valla adversaria, un poco sobre la derecha del arquero que, junto al restante defensor, me cerraba el ángulo de tiro. Abrí el cuerpo y el pie derecho para hacer un tiro de rastrón al segundo palo y tomar a contrapié a defensor y arquero, que miraban con horror cómo se colaba la pelota por el segundo palo.

Mientras corría hacia la tribuna que me aplaudía y aclamaba, se me pasaron por la mente muchos, si no todos, los suce-

sos que formaron ese partido perfecto: pelota de goma, vereda y campito, paredón y siesta, escuela y barrio, asma y baños fríos, ajedrez y fantasía... De algún rincón del estadio, sentí nítido el mejor elogio:
 —¡Fenómeno!

Epílogo

Yo jugaba en el Maracaná y no era un fenómeno. Fui uno que aprendió de sus mayores, de su talento y de sus límites. Fui la suma y la resta de su entorno y de su pobre patrimonio cultural. Pude ser muchas cosas, pude haber seguido tantas sendas... pero la vida y mis bloqueos me lo impidieron. Sobre todo, lamento no haber hecho lo suficiente, no haberme animado hasta el fondo, no haberle dedicado la debida atención, no haber desatado la pasión necesaria. El talento juvenil pasa y no vuelve. Es difícil vivir con su recuerdo si se vive con tristeza y frustración. Es todavía placentero tener los buenos recuerdos de las pequeñas hazañas cumplidas, aunque no llenen totalmente los agujeros del alma del soñador.

Nadie está totalmente feliz con lo que tiene y ha conseguido en la vida, pero yo estoy lleno y satisfecho ahora que he escrito humildemente todo esto. Como si hubiera abierto aquel cajón con el cual estoy en grave deuda. Digo que las cosas en la vida hay que hacerlas en el momento en que se sueñan o se piensan, o al menos ponerlas en marcha. Juegan en contra los innumerables obstáculos que la vida misma tiene: falta de autoestima, falta de maestros o guías, falta de fe o confianza de los prójimos y familiares, miedo al ridículo. Ni más ni menos: los medios y los miedos, enfermedades, elecciones digitales que te descartan por privilegios injustos.

No importa. No vivimos en un mundo perfecto. Sólo es necesario creer en uno mismo todo el tiempo. Eso hace la diferencia. La diferencia entre ser eso que soñaste y sólo soñar. Mi madre decía: "Acuérdate, a este mundo viniste desnudo, sin nada. Y hasta esa camisa que llevas puesta es ganancia". Ella se fue de este mundo sin poseer más que el gratísimo afecto de quien la conoció y el amor de su familia, que decidió tenerla viva por siempre.

El desperdicio del talento debería ser el octavo pecado capital, ya que según la religión somos todos pecadores. Y es el aprovechamiento del talento de la gente y de los individuos lo que hace a una sociedad más desarrollada y justa que otras.

Me gusta pensar que todos los hombres y mujeres de este mundo estamos igualmente dotados de un mínimo de talento para algo, y que sólo llegar a entenderlo es una grandeza en sí misma. Por lo tanto, el despilfarro de los recursos humanos es nuestra propia desgracia, y sólo a esa desatención debemos nuestras miserias.

FIN

Índice

Introducción	7
1 – Cuando lo conocí	9
2 – Personajes	13
3 – Un enfermito en casa	21
4 – Comenzaba a crecer	27
5 – Reconocimiento	31
6 – Recoger lo aprendido	35
7 – La despedida	41
8 – Fútbol y ajedrez	47
9 – Segunda despedida	51
10 – Compañero y Morón	57
I	57
II	62
III	64
IV	73

11 – Tomar conciencia	77
I	77
II	79
III	81
12 – Agonía	87
13 – Un día de fenómeno	95
Epílogo	103

Editorial LibrosEnRed

LibrosEnRed es la Editorial Digital más completa en idioma español. Desde junio de 2000 trabajamos en la edición y venta de libros digitales e impresos bajo demanda.

Nuestra misión es facilitar a todos los autores la **edición** de sus obras y ofrecer a los lectores acceso rápido y económico a libros de todo tipo.

Editamos novelas, cuentos, poesías, tesis, investigaciones, manuales, monografías y toda variedad de contenidos. Brindamos la posibilidad de **comercializar** las obras desde Internet para millones de potenciales lectores. De este modo, intentamos fortalecer la difusión de los autores que escriben en español.

Ingrese a **www.librosenred.com** y conozca nuestro catálogo, compuesto por cientos de títulos clásicos y de autores contemporáneos.

www.ingramcontent.com/pod-product-compliance
Lightning Source LLC
Chambersburg PA
CBHW021812220426
43662CB00006B/288